»Vormittags die ersten Amerikaner«

Stimmen und Bilder vom Kriegsende 1945

Herausgegeben
von Gerhard Hirschfeld
und Irina Renz

Klett-Cotta

Klett-Cotta
© J. G. Cotta'sche Buchhandlung Nachfolger GmbH, gegr. 1659,
Stuttgart 2005
Alle Rechte vorbehalten
Fotomechanische Wiedergabe nur mit Genehmigung des Verlags
Printed in Germany
Schutzumschlag: Klett-Cotta-Design
Titelbild: Holsthum/Eifel, Februar 1945
Gesetzt aus der Quadraat und Quadraat Sans von Kösel, Krugzell
Auf säure- und holzfreiem Werkdruckpapier gedruckt und gebunden
von Kösel, Krugzell
ISBN 3-608-94129-0

Bibliographische Information Der Deutschen Bibliothek
Die Deutsche Bibliothek verzeichnet diese Publikation in der
Deutschen Nationalbibliographie; detaillierte bibliographische Daten
sind im Internet über <http://dnb.ddb.de> abrufbar

Inhalt

Ein deutscher Soldat schwenkt die weiße Fahne

Die Deutschen am Ende des Krieges: besiegt und befreit

Gerhard Hirschfeld

Der Zweite Weltkrieg mit seinen Abermillionen von Toten und Verwundeten, mit ungeheuren physischen und psychischen Versehrungen und mit unvorstellbaren materiellen Zerstörungen geht vor allem auf das Konto eines Mannes: Adolf Hitler. Hitler und seine Satrapen hatten diesen Krieg gewollt, ihn entfesselt und mit aller kriminellen Energie, zu der sie fähig waren, geführt. Doch was war mit den übrigen Deutschen, die mehrheitlich ihrem »Führer« in den Krieg gefolgt waren, aber zumindest *diesen* Krieg nicht gewollt hatten? Warum unterstützten und ertrugen die meisten von ihnen Hitler und sein verbrecherisches Regime bis zum bitteren Ende?

Die Mehrzahl der Deutschen (dies gilt selbstverständlich auch für die Österreicher sowie die anderen Bundesgenossen des »Dritten Reiches«) hatte den Krieg ihres »Führers« bereits seit langem zu ihrem eigenen Krieg gemacht – ursprünglich wohl kaum aus Begeisterung, ja nicht einmal in zweckrationalem Kalkül. So war der von Hitler am 1. September 1939 mit dem Überfall auf Polen vom Zaun gebrochene europäische Krieg in der deutschen Bevölkerung zunächst keineswegs populär gewesen. Das sollte sich nach den unerwarteten »Blitzsiegen« der Wehrmacht in Nord- und Westeuropa jedoch rasch ändern. Mit der militärischen Niederlage des »Erzfeindes« Frankreich im Juni 1940, die weithin als geglückte Revanche für die Niederlage von 1918 galt, erreichte die öffentliche Zustimmung für den »Kriegsherrn« Hitler zweifellos ihren Höhepunkt. Demgegenüber markierte die vernichtende Niederlage der 6. Armee bei Stalingrad im Winter 1942/43 den Beginn einer allmählichen Desillusionierung in der Bevölkerung.

Je länger der Krieg andauerte, je mehr Opfer er von den Soldaten an den zahllosen Fronten in Europa und Nordafrika aber vor allem auch unter der Zivilbevölkerung des Reiches forderte, desto weniger Illusionen über seinen realen Ausgang konnten sich die Deutschen noch machen. Die ungeheure Kriegswalze, die von deutschem Boden aus nahezu überall in Europa Tod, Leid und Zerstörung gebracht hatte, war inzwischen auf Deutschland zurückgerollt. Kaum eine deutsche Stadt blieb schließlich noch von den unbarmherzigen Luftangriffen der alliierten Bomberverbände verschont. Zur Jahreswende 1944/45 traten die inzwischen weit überlegenen sowjetischen Truppen zwischen Ostsee und Karpaten zum letzten, entscheidenden Angriff auf das Reich an. Wenige Wochen später überschritten Amerikaner und Briten auf breiter Front die westliche deutsche Grenze, nachdem die letzte deutsche Offensive sich bereits vor den Weihnachtstagen 1944 in den Ardennen festgelaufen hatte. Der Untergang des von der nationalsozialistischen Propaganda so häufig beschworenen »Tausendjährigen Reiches« war nur noch eine Frage der Zeit – eher von Wochen als von Monaten.

Zu diesem Zeitpunkt waren sich die meisten Deutschen über den Unrechtscharakter des NS-Regimes und die verbrecherische Politik seiner Führung vermutlich sehr wohl im klaren. Das Reich hatte entgegen allen anderslautenden Bekundungen keinen Abwehrkampf »gegen eine Welt von Feinden« (Wilhelm II.) bestritten und war auch nicht mit einem Präventivkrieg dem Angriff eines benachbarten Staates zuvorgekommen. Weder die Zerschlagung Polens im Herbst 1939 noch die Besetzung Nord- und Westeuropas im Frühjahr 1940 und schon gar nicht der Vernichtungsfeldzug gegen die Sowjetunion seit Juni 1941 folgten noch den älteren Zielvorstellungen eines deutschen Imperialismus, von denen die meisten ohnehin bereits im Ersten Weltkrieg gescheitert waren. Vor allem die mit unvorstellbarer Brutalität und Grausamkeit einhergehende Realisierung von Hitlers rassenideologischen Utopien eines »germanischen Lebensraums im Osten« hatte Millionen Menschenleben gekostet, ganze Regionen wurden ausgebeutet, zerstört und entvölkert, ihre Bewohner zur Zwangsarbeit ins Reich deportiert. Aber auch die politische Unterjochung und die wirtschaftliche Ausbeutung der sogenannten blutsnahen Völker im Norden und Westen Europas hatten Zerstörung und Leid heraufbeschworen; auch hier blieben die tiefgreifenden politischen und moralischen Folgen noch Jahrzehnte nach Kriegsende spürbar.

Warum die Mehrheit der Deutschen trotzdem einem verbrecherischen Regime und ihrem »Führer« bis zum bitteren Ende folgte, warum sie auch eigenes Leid und zahllose eigene Opfer auf sich nahm, läßt sich nicht allein mit falsch verstandenem Pflichtbewußtsein und irregeleitetem Patriotismus erklären. Auch das Argument einer durch den Krieg entstandenen permanenten Ausnahmesituation greift hier zu kurz. Die unstrittige, teilweise sehr enge Bindung zahlreicher Deutscher an das nationalsozialistische System war keineswegs erst während des Krieges entstanden. Die vor allem durch militärische Aufrüstung und eine internationale Vabanque-Politik erzielten ökonomischen und außenpolitischen Erfolge in der Vorkriegszeit sowie das verbreitete Gefühl, nach der schmachvoll empfundenen Niederlage des Ersten Weltkriegs und den politisch und wirtschaftlich bedrückenden Jahren der Weimarer Republik nun endlich einmal selbst auf der internationalen Siegerstraße zu stehen, hatten bei vielen Deutschen aller sozialen Schichten zu einer partiellen, mitunter sogar sehr weitgehenden Identifikation mit dem NS-Regime geführt. Dieses Hochgefühl und Überlegenheitsempfinden sowie ein geradezu pseudo-religiöser Glaube an den allmächtigen »Führer« – der von der Goebbelsschen Propaganda wirkungsvoll inszenierte »Führer-Mythos« – waren sicherlich die stärksten psychologischen »Bindemittel« der Mehrheitsbevölkerung an das nationalsozialistische System. Natürlich spielte auch die Angst vor dem durch private Denunziationen und öffentliche Überwachung scheinbar allgegenwärtigen Terror des Gestapo-Apparats eine Rolle. Doch entscheidender noch als die Furcht vor der Staatsgewalt war die Sorge des einzelnen »Volksgenossen«, seine Einstellung oder sein Verhalten könne ihn gesellschaftlich isolieren, er gehöre nicht länger dieser »Volksgemeinschaft« an, die ohnehin längst zu einer »Schicksalsgemeinschaft« geworden war.

Hingegen wurden staatliche Untaten und Gewaltmaßnahmen sowie die Ausgrenzung und Verfolgung von Minderheiten und Andersdenkenden von eben dieser Mehrheit entweder billigend in Kauf genommen oder schlicht aus dem Bewußtsein verdrängt. So nahmen die meisten »Volksgenossen« die wirtschaftliche und politische Ausschaltung der deutschen Juden und ihre soziale und rechtliche Ausgrenzung zumeist gleichgültig oder bestenfalls resigniert zur Kenntnis, sofern sie sich nicht selbst mit Hilfe der von Staat und Partei durchgeführten »Arisierungen« unmittelbar am jüdischen Vermögen bereicherten. Mit Beginn des Krieges rückte die »Judenverfolgung« im Bewußtsein der deutschen Öffentlichkeit weitgehend in den Hintergrund. Die seit Herbst 1941 aus dem ganzen Reich durchgeführten Deportationen »nach dem Osten« und der dort, keineswegs nur im Verborgenen, praktizierte Massenmord wurden von den meisten Deutschen mit der zunehmenden Brutalisierung des Krieges an der Front wie in der Heimat in einen ursächlichen Zusammenhang gebracht. Wenn auch die schiere Dimension des an den deutschen und europäischen Juden begangenen Genozids – die länderübergreifende Bilanz ergibt ein Minimum von 5,29 Millionen und ein Maximum von etwas über 6 Millionen ermordeter Menschen – den meisten Zeitgenossen verborgen blieb, so überraschen dennoch die u. a. in Briefen, Tagebüchern und Erinnerungen dokumentierten direkten Konfrontationen zahlreicher Soldaten ebenso wie von Zivilisten mit dem verbrecherischen Geschehen. Die vom nationalsozialistischen Regime »feilgebotene kollektive Verdrängung« (Hans Mommsen) des Massenmords an den Juden wurde von der Mehrheit der deutschen Bevölkerung dankbar aufgegriffen und noch weit über das Kriegsende hinaus erfolgreich praktiziert.

Zur Realität der deutschen Gesellschaft zwischen 1933 und 1945 gehörten jedoch nicht nur Anpassung, Opportunismus und aktive Unterstützung des Regimes. Es gab auch Verweigerung, Opposition und Widerstand. Die Opposition gegen den nationalsozialistischen Unrechtsstaat zeigte sich dabei auf sehr unterschiedliche Weise, und die Motive für den Widerstand waren ebenso vielfältig wie die Gruppen und Einzelpersonen, die ihn ausübten. Das Spektrum der Opposition reichte von der alltäglichen Weigerung, sich auch im privaten Leben »gleichschalten« zu lassen (Non-Konformität), über die Wahrung organisatorischer und institutioneller Freiräume und Verbindungen bis hin zu einem konspirativ und illegal operierenden Widerstand, der auf den gewaltsamen Sturz des Regimes abzielte. Die Schwäche und relative Wirkungslosigkeit der organisierten Opposition im Dritten Reich resultierten vor allem aus der ungleichzeitigen und nur ansatzweise miteinander verbundenen Formierung eines aktiven Widerstandes in der Arbeiterschaft und den Gewerkschaften, bei den Sozialdemokraten und Kommunisten, in manchen kirchlichen und religiösen Gemeinschaften sowie im späteren Verlauf des Krieges bei einigen zu allem entschlossenen Militärs, Diplomaten und höheren Beamten. Doch die Frauen und Männer des deutschen Widerstandes, von denen die meisten schließlich zu Opfern des Regimes wurden, blieben stets eine Minderheit. Und noch bis in die letzten Kriegstage hinein übte das nationalsozialistische Regime massive Vergeltung sowohl an den Verschwörern des 20. Juli 1944 und deren Familien als auch an den vielen unbekannten Gegnern des Regimes.

Für die Mehrheit der Bevölkerung stellten Opposition und aktiver Widerstand keine realistische Option dar, und dies nicht nur wegen der brutalen und oft willkürlich angewandten Zwangsmittel und Strafen. In der Erziehung und der Tradition der meisten Deutschen galten Gehorsam und Treue gegenüber der Obrigkeit stets mehr als Kritik und Verweigerung. Auch wenn einzelne Maßnahmen und Methoden auf innere Ablehnung und Widerwillen stießen, auch wenn bei manchen Bürgern gegen Ende des Krieges die Einsicht wuchs, einem Unrechtsstaat gedient zu haben, so vermochten sich doch nur wenige Deutsche aus ihrer Bindung an eben diesen Staat und vor allem an den »Führer« zu lösen.

Noch zu Beginn des Jahres 1945 war der Glaube an den Mythos des unfehlbaren »Führers« bei manchen »Volksgenossen« derart unerschüttert, daß sie sogar bereit schienen, den von Hit-

ler im März erlassenen »Nero-Befehlen« zur völligen Zerstörung
Deutschlands zu folgen. Wenn der Krieg verloren gehe, dann sei
auch das Volk verloren, hatte Hitler gegenüber Rüstungsminister Speer erklärt und hinzugefügt: »Was nach diesem Kampf
übrigbleibt, sind ohnehin nur die Minderwertigen, denn die
Guten sind gefallen.« Während die Führung des Reiches solche brutal-zynischen Festlegungen traf und sich entweder mit
Fluchtabsichten oder kollektiven Selbstmordplänen trug, ließen
sich viele Deutsche von ihrer Hoffnung auf die Allmacht des
»Führers« und den Einsatz der »Wunder-Waffen« gegen die
alliierte Übermacht nicht abbringen. Manche wehrten sich derart massiv gegen die Evidenz der Fakten, daß sie gleichsam noch
in letzter Stunde Regimekritiker und andere »Defätisten«, oder
auch fahnenflüchtige Soldaten, denunzierten, für deren Ver-
urteilung (häufig zum Tode) sich auch jetzt noch bereitwillige
Richter fanden. Nur sehr allmählich kam es zur Erosion des cha-
rismatisch aufgeladenen »Hitler-Mythos« und zu einer sich oft
nur mühsam vollziehenden Auflösung des geradezu »pseudo-
religiösen Führerkults« (Ian Kershaw).

Doch nicht nur die irrationale Hoffnung vieler Deutscher, der
»Führer« werde es schon noch zum Besseren wenden, wirkten
kriegsverlängernd, auch der besondere Charakter des Krieges
sowie die alliierte Kriegsführung selbst prägten den im nachhin-
ein kaum verständlichen Durchhaltewillen. Wäre es nur um die
Partei oder den Nationalsozialismus als Ideologie gegangen, so
hätten sich dafür kaum noch Kräfte mobilisieren lassen. Aber
das Ende der nationalsozialistischen Herrschaft und damit die
Beendigung des Krieges waren eben nur zu dem Preis der totalen
Niederlage Deutschlands zu haben. Die zuerst von Roosevelt
und Churchill (im Januar 1943 in Casablanca) verkündete Forde-
rung nach der bedingungslosen Kapitulation (»unconditional
surrender«) des Reiches bedeutete im Klartext die Zerstörung
der nationalen Souveränität und die Hinnahme einer fremd-
staatlichen Herrschaft. Auch wenn sich die meisten Deutschen
über die politischen und praktischen Konsequenzen dieser For-
derung kaum Gedanken gemacht haben dürften, riefen spätere

Überlegungen und Pläne der Alliierten, wie beispielsweise der sogenannte Morgenthau-Plan, großes Erschrecken und Entsetzen hervor. Nahezu gebetsmühlenartig wiederholte die nationalsozialistische Propaganda Einzelheiten des vom amerikanischen Finanzminister Henry Morgenthau im September 1944 vorgeschlagenen Projekts – Goebbels nannte es eine »jüdische Mördergrube« –, um die Schreckensvision eines von den Alliierten unterworfenen Deutschland zu illustrieren. Daß Roosevelt den »Morgenthau-Plan«, der die Entindustrialisierung Deutschlands zum Ziel hatte, bereits sehr schnell wieder zurückzog, erfuhr die deutsche Öffentlichkeit nicht.

Die nahezu tägliche Erfahrung der amerikanischen und britischen Flächenbombardierungen deutscher Städte, unter denen besonders die verheerenden Angriffe auf Köln und das Ruhrgebiet, Hamburg sowie später Berlin und Dresden als Menetekel erscheinen, hinterließ in der Bevölkerung eine tiefe psychologische Wirkung. Ebenso nachhaltig wirkten die von einer enthemmten Soldateska der Roten Armee bei ihrem Vormarsch in Ostpreußen und Schlesien begangenen Ausschreitungen und Vergewaltigungen. Diese Kriegsversehrungen und -erfahrungen schienen vielen Deutschen geradezu wie eine Bestätigung der vom NS-Regime verkündeten »Schicksalsgemeinschaft«, zumal die Propaganda ihnen derartige Greueltaten für den Fall angekündigt hatte, daß der Krieg verlorengehe. Aus der Überlagerung von nationalsozialistischer Diktatur und dem von Goebbels zuerst in seiner Sportpalastrede im Februar 1943 den Gegnern angedrohten, jetzt aber von diesen gegen Deutschland praktizierten »totalen Krieg« entstand für viele Deutsche ein Dilemma, aus dem sie sich nicht mehr zu befreien vermochten. Sie konnten oder wollten nicht einsehen, daß die »Terrorangriffe« der alliierten Luftstreitkräfte gegen deutsche Städte und das brutale Vorgehen der Roten Armee auch eine *Re*aktion waren, eine Antwort auf die deutsche Kriegführung und die nationalsozialistische Besatzungspolitik in weiten Teilen Europas.

Dies gilt insbesondere für den Krieg gegen die Sowjetunion. Ohne den in der Weltgeschichte beispiellosen Vernichtungsfeld-

zug der Wehrmacht, der SS und der deutschen Besatzungsver-
waltungen, ohne die völkerrechtswidrigen »Barbarossa-Direk-
tiven« und den »Kommissarbefehl«, ohne das von der Wehr-
machtsführung billigend in Kauf genommene Massensterben
der sowjetischen Kriegsgefangenen, ohne die Morde an der für
»minderwertig« erklärten einheimischen – jüdischen und sla-
wischen – Bevölkerung und ohne die praktizierten Strategien
der wirtschaftlichen Ausbeutung und des Aushungerns ganzer
Landstriche wäre es wohl kaum zu den furchtbaren Ereignissen
und auch Verbrechen beim Vormarsch der Roten Armee gekommen. Ein Aufrechnen der Opferzahlen in diesem wie in jedem
anderen historischen Fall ist unangemessen, und die berechtigte
Klage über die eigenen schmerzlichen Verluste und Stigmatisie-
rungen darf weder den Blick auf das Leid der anderen verstellen
noch die historische Verknüpfung von Aktion und Reaktion ne-
gieren.

Die Mehrheit der Deutschen empfand das Ende des Dritten
Reiches daher zunächst keineswegs als Befreiung, sondern
durchaus als Niederlage, als »bedrohlichen Verlust, als Zerstörung und Katastrophe« (Jürgen Kocka). Die so dachten, waren nicht nur die Parteigenossen und nationalsozialistischen
»Hoheitsträger« oder die Angehörigen der sogenannten Funkti-
onseliten in Wirtschaft, Staat und Verwaltung, deren Bindung an
das Regime ihnen häufig erst den Aufstieg in die entsprechen-
den Führungspositionen ermöglicht hatte. Es waren dies nicht
nur die zahllosen Mitläufer, Opportunisten und Nutznießer des
untergehenden Systems. Auch viele redliche Frauen und Männer
sahen das Ende des Hitler-Regimes zunächst vor allem als militärischen, politischen und gesellschaftlichen Zusammenbruch
sowie zudem vielfach als persönliche Katastrophe.

Damit erging es ihnen anders als den Gegnern und Opfern des
Nationalsozialismus, den Verfolgten und Ausgegrenzten, den
aus politischen und religiösen Gründen Inhaftierten, den jüdischen und nichtjüdischen Überlebenden der Konzentrations-
und Vernichtungslager sowie den Millionen in Deutschland
lebenden ausländischen Zwangsarbeitern und Kriegsgefange-

nen. Alle diese hatten den Tag ihrer Befreiung durch die alliierten Soldaten herbeigesehnt, für sie erfüllte sich nun ihre größte
Hoffnung. Einige der Opfer des Regimes, vor allem manche der
noch von ihren Peinigern auf »Todesmärschen« aus den Lagern
getriebenen KZ-Häftlinge, waren inzwischen derart geschwächt
und geschunden, daß sie ihre Befreiung nur um wenige Tage
oder Wochen überlebten. Die Bilder von der unmittelbaren Befreiung der nationalsozialistischen Todes- und Zwangslager
durch die russischen, amerikanischen, britischen und anderen
alliierten Truppen gehören zweifellos zu den unauslöschlichen
Eindrücken aus jenen Tagen. Vor allem die alliierten Soldaten
selbst gewannen aus diesen unmittelbaren Begegnungen mit der
Barbarei des Dritten Reiches die – teilweise bis heute fortwir-
kende – Erkenntnis, daß ihr militärisches Engagement sowie
der Tod oder die Verwundung ihrer Kameraden nicht vergeblich
waren.

Eine vergleichbare Legitimierung ihres Kampfes und der von
ihnen verlangten Opfer und Verluste konnten die deutschen Soldaten bei Kriegsende nicht vorweisen. Die inzwischen unstrittige Komplizenschaft der Wehrmacht mit der verbrecherischen
Politik Hitlers und die logistische, mitunter auch direkte Beteili-
gung mancher ihrer Einheiten an den vor allem im Osten begangenen Massenverbrechen wurden von den nicht direkt betroffenen Soldaten und auch Offizieren mehr erahnt als erkannt. Daß
eine große Zahl von ihnen dennoch über ein erstaunliches Wissen über manche Vorgängen dieser Art verfügte, geht ebenfalls
aus den erhaltenen Tagebüchern und Feldpostbriefen hervor.

Bei Kriegsende fühlten sich viele einfache Soldaten von ihren
Vorgesetzten schlicht »verraten und verkauft«. Nur vereinzelt ar-
tikulierte sich noch eine pathetische Trotzreaktion wie auf dem
erhalten gebliebenen Umschlag eines Feldpostbriefs vom März
1945: »Heim nur als Sieger!« Der äußerst verlustreiche Rückzug
in eine zerstörte, dem Feind preisgegebene Heimat, in der die
Zivilbevölkerung mitunter Schlimmeres erlitten hatte als die
Truppe an manchem Frontabschnitt, verstärkte auch bei den
Soldaten das Gefühl einer endgültigen und totalen Niederlage.

Eine Wiederholung von 1918, als manche Politiker und führende Militärs den heimkehrenden Soldaten einreden wollten, daß sie eigentlich »im Felde unbesiegt« gewesen seien, war 1945 ausgeschlossen.

Wie erlebten die Deutschen das Ende des Krieges vor nunmehr 60 Jahren? Mit welchen Empfindungen reagierten die Menschen in Deutschland auf die vernichtende militärische Niederlage und den vollständigen Zusammenbruch des Dritten Reiches? Die letzten Wochen und Tage des Krieges vermittelte sich den Deutschen keineswegs als eine kollektive Erfahrung. Dazu waren die Lebenssituationen, Gefühle und Ansichten der Zeitgenossen trotz einer zwölfjährigen ideologischen Ausrichtung zu unterschiedlich. Die Mehrzahl der hier abgedruckten Lebenszeugnisse bestätigt dies. Wenn den Menschen etwas gemeinsam war, dann war es die Angst: Angst vor der schrecklichen Gegenwart wie vor der ungewissen Zukunft und dazu die ständige Furcht vor der Vergeltung durch den Feind. Was sie darüber hinaus noch verband, war die Hoffnung auf ein rasches Ende des Krieges – zunächst sollte es ein ehrenvolles sein, schließlich ein Ende um jeden Preis: ein Ende der langen, schrecklichen Bombennächte in den Städten, ein Ende der Ungewißheit über das Schicksal der Soldaten an den Fronten wie ihrer Angehörigen daheim.

Nicht wenige Deutsche wurden dabei von einer Atmosphäre des Weltuntergangs erfaßt. Andere ergingen sich in Wehleidigkeit und Selbstmitleid, die Selbsttötungen häuften sich. Einer der letzten geheimen Lageberichte des Sicherheitsdienstes der SS, der sich in den Akten der Geschäftsführenden Reichsregierung Dönitz fand und der auf Ende März 1945 datiert ist, beschreibt diese Endzeitstimmung:

»Aus der allgemeinen Hoffnungslosigkeit werden persönlich die verschiedensten Folgerungen gezogen. Ein Großteil des Volkes hat sich daran gewöhnt, nur noch für den Tag zu leben. Es wird alles an Annehmlichkeiten ausgenützt, was sich darbietet. Irgendein sonst belangloser Anlaß führt dazu, daß die letzte Flasche ausgetrunken wird, die ursprünglich für die Feier des

Sieges, für das Ende der Verdunklung, für die Heimkehr von Mann und Sohn aufgespart war. Viele gewöhnen sich an den Gedanken, Schluß zu machen. Die Nachfrage nach Gift, nach einer Pistole oder sonstigen Mitteln, dem Leben ein Ende zu bereiten, ist überall groß. Selbstmorde aus echter Verzweiflung über die mit Sicherheit zu erwartende Katastrophe sind an der Tagesordnung. Zahlreiche Gespräche in den Familien mit Verwandten, Freunden und Bekannten sind von Planungen beherrscht, wie man auch bei Feindbesetzung durchkommen könnte. Notgroschen werden beiseite gelegt, Fluchtorte gesucht. Insbesondere die älteren Menschen quälen sich Tag und Nacht mit schweren Gedanken und finden vor Sorge keinen Schlaf mehr. Dinge, die sich noch vor wenigen Wochen niemand auszudenken wagte, sind heute Gegenstand einer öffentlichen Diskussion in den Verkehrsmitteln und unter stockfremden Menschen.« (SD-Meldungen aus dem Reich)

Das Ende des Krieges und die von außen erzwungene Beseitigung des nationalsozialistischen Regimes waren für die Mehrheit der Deutschen gleichbedeutend mit einer Niederlage, mit dem Zusammenbruch von Staat und Gesellschaft und dem Verlust ihrer bisher gültigen Wertvorstellungen und Ideale. Von einer Befreiung sprachen damals nur die Opfer und Gegner des Nationalsozialismus, und die waren bekanntlich eine Minderheit. Auch die Alliierten hatten Deutschland nicht befreien, sondern lediglich besiegen wollen. In der Berliner Erklärung zur »bedingungslosen Kapitulation Deutschlands« vom 5. Juni 1945 stellten sie fest, daß Deutschland eine vernichtende Niederlage erlitten hatte und daß es nun gelte, das Land zu entmilitarisieren, zu entnazifizieren und zu demokratisieren.

Es folgten die Aufteilung Deutschlands in Besatzungszonen, der Kalte Krieg und die Gründung von zwei deutschen Staaten. Während in der DDR ein staatlich verordneter Anti-Faschismus zur gesellschaftlichen und staatlichen Doktrin erhoben wurde, stellte sich ein Gefühl der Befreiung für die meisten Deutschen in der Bundesrepublik erst ein, als die ihnen zunächst von den Alliierten geschenkte parlamentarische Demokratie ihre ersten

Bewährungsproben bestanden hatte, der wirtschaftliche Aufschwung sich auswirkte und die unseligen Traditionen des deutschen Obrigkeitsstaates durch demokratische und liberale Überzeugungen abgelöst waren. Anders als die Entwicklung nach dem Ersten Weltkrieg, die als fortgesetzter »Krieg in den Köpfen« (Gerd Krumeich) in erheblichem Maße zur antidemokratischen Gewaltbereitschaft nach 1918 beigetragen hat, markierte das Kriegsende 1945 für die Mehrheit der Deutschen zugleich den Beginn eines mühevollen, schließlich dennoch glücklich verlaufenden Prozesses der Aussöhnung mit den ehemaligen Kriegsgegnern. Die Teilnahme eines deutschen Bundeskanzlers – gemeinsam mit den Repräsentanten der einstigen Siegermächte – an den Gedenkfeiern zur 60. Wiederkehr der alliierten Landung in der Normandie im Jahre 2004 ist ein eindrucksvolles Zeichen für den seither zurückgelegten Weg. Allerdings war dieser weder geradlinig noch harmonisch. Davon zeugen nicht zuletzt die öffentlichen Auseinandersetzungen und Debatten über den Umgang mit dem Holocaust und dem Zweiten Weltkrieg in den letzten Jahrzehnten, sei es der sogenannte Historikerstreit, die Kontroversen über das Buch von Daniel Goldhagen und die umstrittene erste Hamburger Wehrmachtsausstellung oder über das Berliner Mahnmal für die ermordeten Juden. Auch mit dem Abtreten der Erlebens- und Zeitzeugengeneration und einer zunehmenden Historisierung der Zeit der Weltkriege haben diese Ereignisse nichts von ihrer Tragweite und Bedeutung eingebüßt – anders als viele es erwartet und manche dies vielleicht erhofft haben mögen.

In der historischen Rückschau erweist sich das Ende des Zweiten Weltkriegs – für die Deutschen von damals wie die von heute – als wirkliche Befreiung, barg dieses Ende doch »den Keim der Hoffnung auf eine bessere Zukunft« (Richard von Weizsäcker). Eine Minderheit der Deutschen übrigens hat diesen Zusammenhang schon damals erkannt oder zumindest erahnt: die innere Dialektik von Niederlage und Zerstörung einerseits und Befreiung und Neuanfang andererseits. Für alle anderen gilt, was ein älterer Bewohner des Ruhrgebiets im Rückblick auf den Untergang des »Dritten Reiches« sehr viel später einmal in die Worte faßte: »Hinterher merkt man, daß es richtig war, daß es schief gegangen ist.« Im Mai 1945 war Deutschland besiegt und befreit zugleich.

******

Die in diesem Band versammelten Lebenszeugnisse, die Stimmen vom Kriegsende, stammen sämtlich aus der Zeit zwischen dem 31. Dezember 1944 und dem 9. Mai 1945. Es handelt sich ausnahmslos um private Aufzeichnungen, Tagebucheintragungen und Briefe. Aufgenommen wurden ferner auszugsweise einige amtlich dokumentierte Meldungen über umlaufende »Gerüchte«, die den Stimmungsberichten der sogenannten Mundpropaganda-Aktion der Wehrmacht in den letzten Kriegsmonaten entnommen sind. Auf die Wiedergabe weiterer offizieller Verlautbarungen und Erklärungen haben wir ebenso verzichtet wie auf die Aufnahme nachträglich verfaßter Erinnerungen und Reflexionen. Nur auf diese Weise ließ sich ein hohes Maß an Intimität, Unmittelbarkeit und Authentizität wahren. Nur so konnten Lebensgefühle und der Geist oder Ungeist jener dramatischen Wochen in ihrer spontanen Fixierung und die Lebensbedingungen in der Schilderung des Augenblicks dokumentiert werden. Äußerungen von Betrachtern und von Akteuren des Geschehens – mitunter waren sie auch beides in einer Person wie der tagebuchschreibende Chefpropagandist des Dritten Reiches Joseph Goebbels – spiegeln die Vielfalt möglicher Situationen und Perspektiven.

Die Anordnung der Stimmen vom Kriegsende folgt der Chronologie der Ereignisse. So entstehen zufällige Annäherungen: sich ergänzende oder gar identische Sichtweisen und Standpunkte, aber ebenso häufig auch widersprüchliche Reaktionen und unterschiedliche Urteile zeigen sich in ihrer Gleichzeitigkeit. Die geographische Lage der Aufenthaltsorte und die hieraus resultierende Nähe oder Distanz der Schreiber zum Kriegsgeschehen sind sicherlich bedeutsam. Auch wenn die militärischen und politischen Ereignisse mitunter weit entfernt waren, wie etwa für die deutschen Schriftsteller und Künstler im Exil, so blieben das Ende des Krieges in Europa, der Zusammenbruch des Dritten Reiches und die Zukunft Deutschlands doch zentrale Bezugspunkte des Denkens. Die Achse in den Bezugsfeldern der ausgewählten Lebenszeugnisse aber bildet der Magnetismus des Alltags, mit anderen Worten: die alltägliche subjektive Wahrnehmung, das individuelle Erlebnis des Krieges und die durch ihn beeinflußten Lebenswelten.

Zahlreiche der hier veröffentlichten persönlichen Zeugnisse stammen aus der Lebensdokumentensammlung der Stuttgarter Bibliothek für Zeitgeschichte in der Württembergischen Landesbibliothek, wo Tagebücher, Briefe und Erinnerungen von Kriegsteilnehmern beider Weltkriege archiviert werden. Andere fanden sich in bereits zuvor veröffentlichten Werken und Anthologien. Für die Genehmigung des Abdrucks sind die Herausgeber den jeweiligen Rechteinhabern zu Dank verpflichtet.

Auch die Mehrzahl der in diesem Band enthaltenen Fotos entstammt den Archivalischen Sammlungen der Bibliothek für Zeitgeschichte. Die übrigen Abbildungen wurden uns vom Niederländischen Institut für Kriegsdokumentation in Amsterdam (NIOD), dem Imperial War Museum in London sowie dem Bildarchiv Preußischer Kulturbesitz Berlin und dem Süddeutschen Verlag in München zur Verfügung gestellt. Wir danken den genannten Einrichtungen für die gewährte freundliche Unterstützung.

31. Dezember 1944 – 9. Mai 1945

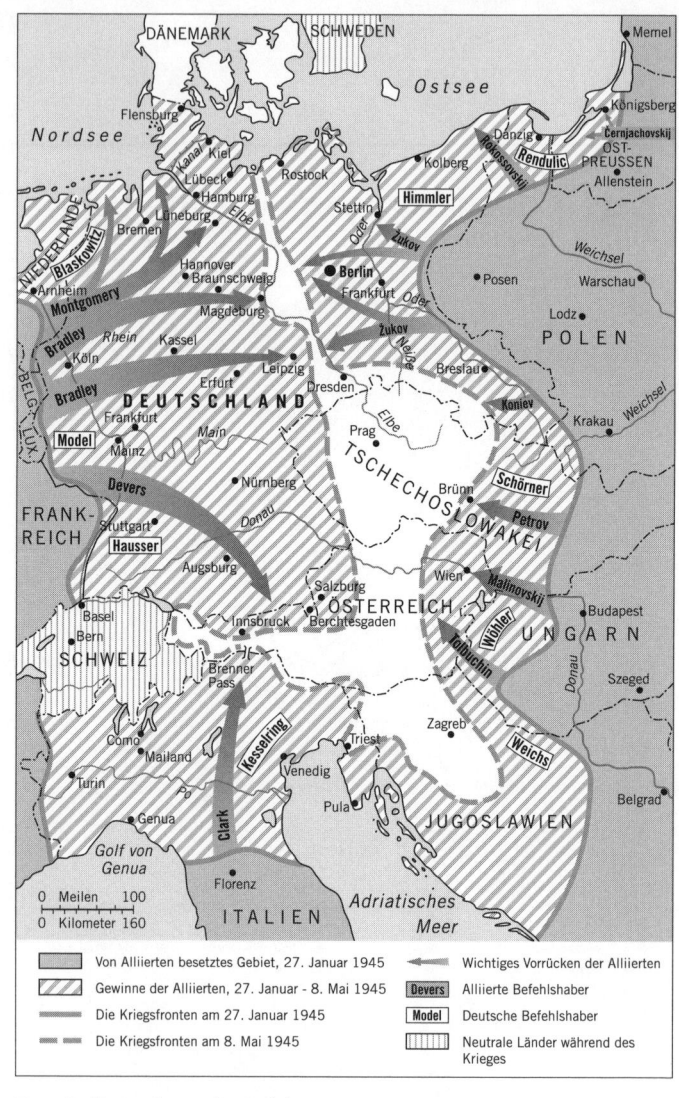

Der »Endkampf« um das Reich 1945

Januar

1945

Hinter den deutschen Linien abgeworfenes sowjetisches Flugblatt

Chronik

Die deutsche Gegenoffensive in den Ardennen (seit Mitte Dez. 1944) hat sich zum Jahreswechsel endgültig festgelaufen. Die wegen der Ardennenschlacht geschwächte deutsche Front zwischen Memel und Karpaten vermag den Angriffen sowjetischer Verbände nicht länger standzuhalten. Massenflucht (Trecks) von Zivilisten aus den deutschen Ostgebieten. Die alliierten Luftoperationen bei Tag und Nacht über dem Reichsgebiet stoßen nur noch auf geringe Gegenwehr.

1.1. Die deutsche Luftwaffe fliegt einen letzten Großangriff (mit 1035 Flugzeugen) gegen alliierte Stellungen entlang der Westfront. Hitler richtet einen Tagesbefehl an die Wehrmacht, in dem er das neue Jahr zum »Jahr einer geschichtlichen Wende« erklärt.

3.1. Beginn der alliierten Gegenoffensive in den Ardennen.

5.1. Alliierte Tagesangriffe aus der Luft gegen Frankfurt a. M. und das Rhein-Main-Gebiet.

8.1. Britischer Luftangriff auf die Innenstadt von München. 1. US-Armee setzt ihre Angriffe gegen deutsche Stellungen in den Ardennen fort. Deutsche Verbände unternehmen einen Entsatzangriff bis auf 30 Kilometer an Budapest heran: schwere Kämpfe in und um Budapest, das seit dem 24. Dez. von sowjetischen Truppen eingeschlossen ist.

12.1. Beginn einer Großoffensive der Roten Armee in Richtung Ostpreußen und Schlesien.

14.1. Fortdauer der heftigen »Winterschlacht« in den Ardennen. Die »1. Weißrussische Front« unter Marschall Schukow durchbricht die Abwehrstellungen der deutschen 9. Armee im Weichselgebiet.

16.1. Churchill bekräftigt vor dem britischen Unterhaus die feste Absicht der Alliierten, den Krieg gegen Deutschland und Japan bis zu deren bedingungsloser Kapitulation zu führen.

17.1. Die letzten deutschen Verbände räumen Warschau.

21.1. Russische Truppen erreichen Ostpreußen. Massenflucht aus den deutschen Ostgebieten seit Okt. 1944. Der Reichsführer-SS Himmler erhält den Oberbefehl über die neue »Heeresgruppe Weichsel« und wird von Hitler mit der Organisation des Widerstandes »hinter der gesamten Ostfront« beauftragt.

22.1. Tagesangriffe alliierter Luftverbände gegen Städte im Ruhrgebiet. Erste sowjetische Panzerspitzen erreichen die Oder bei Breslau.

23.1. Beginn der Massenevakuierungen zu See in Ostpreußen und an der Danziger Bucht.

27.1. Russische Truppen befreien die Todeslager von Auschwitz und Birkenau: sie finden noch 7650 zumeist kranke Gefangene, die von den »Evakuierungen« seit Mitte Jan. ausgenommen waren. Mindestens 15000 Menschen sterben auf den »Todesmärschen«.

30.1. Das ehemalige KdF-Schiff »Wilhelm Gustloff« (25484 BRT) sinkt nach sowjetischem U-Boot-Treffer in der Ostsee mit über 6000 Flüchtlingen an Bord (1216 Überlebende). Hitler wendet sich zum letzten Mal über den Rundfunk an das deutsche Volk: er erwarte von jedem Deutschen, »daß er seine Pflicht bis zum Äußersten erfüllt, daß er jedes Opfer, das von ihm gefordert wird und werden muß, auf sich nimmt«.

31.1. SS-Einheiten erschießen in Palmnicken/Ostpreußen mehr als 3000 Juden nach 10tägigem »Todesmarsch« aus dem Stutthoff-Lagerkomplex. Weitere 2000 der vorwiegend weiblichen Häftlinge sterben bereits auf dem Marsch.

Sonntag, 31. Dezember 1944, Dresden
Tagebuch Victor Klemperer

Der Zukunft stehe ich mit geringer Hoffnung und stumpf gegenüber. Es ist sehr fraglich, wann der Krieg zu Ende sein wird (obschon im Augenblick die deutsche Chance bei stockender Westoffensive und verlorenem Budapest wieder gesunken ist). Und es ist mir noch fraglicher, ob ich aus dem Frieden noch etwas für mich werde herausholen können, da ich doch offenbar am Ende meines Lebens stehe. –

Irgendwie mich mit dem Todesgedanken abzufinden vermag ich nicht; religiöse und philosophische Tröstungen sind mir vollkommen versagt. Es handelt sich nur darum, Haltung bis zuletzt zu bewahren.

Montag, 1. Januar 1945, Eisenach
Otto D. an seine Freundin Hanna

Gestern Abend haben wir auch noch die Führerrede angehört. Der Mann ist zu bedauern, ich möchte nicht in seiner Haut stecken. Was hat der Mann für eine Verantwortung, und wann wird der wohl seinen Schlaf finden? Kann der überhaupt noch schlafen? Ja und doch ist der Mann noch so zuversichtlich. Er hat bestimmt wieder in manches Herz neue Hoffnungen gelegt. Und wir wollen auch zuversichtlich in die Zukunft sehn. Wie wird es uns gehn, wenn die Feinde im Land sind. Wir sind eben Soldaten, und da nimmt keiner Rücksicht. Aber von was rede ich, wir müssen siegen. Noch in diesem Frühjahr muß die Entscheidung fallen, und sie wird fallen. Man geht aufs Äußerste. Daß Euch alle Hoffnungen geraubt sind, kann ich verstehen, denn wenn man jeden Tag darauf gefaßt sein muß, daß der Befehl zum Räumen der geliebten Heimat kommt, so kann man nicht mehr an den Sieg glauben. Und doch liebste Hanna lasse mal den Mut nicht sinken, es wird doch alles noch recht.

Neujahrsempfang beim »Führer«: Reichsminister für Rüstung und Kriegsproduktion Speer, Generaloberst Jodl, Generalfeldmarschall Keitel und Reichsminister des Auswärtigen von Ribbentrop

Sonntag, 7. Januar, Pacific Palisades, Kalifornien/USA
Thomas Mann an Agnes E. Meyer

Hoffen wir nur, daß Deutschland noch Tiefe besitzt und am Leiden produktiv zu werden weiß. An Erkenntnis des Unrechts aber gerade (und welcher Summe von Unrecht!) fehlt es dort nach allem, was man sieht und hört vollkommen. [...]

Was soll man ihnen sagen? In dem Wunsch nach Frieden und Wiederaufbau, der, wie auch Erika berichtet, sie sehr beschäftigt, kann man sie bestärken. Nur sollen sie toller Weise die Vorstellung haben, die Alliierten hätten für den Wiederaufbau der zerbombten Städte aufzukommen! Es sieht höchst sonderbar und schwer verständlich in diesen Köpfen aus.

Kommunikationsmittel Feldpost

Gerüchte

In der Berliner Bevölkerung macht sich anscheinend eine allgemeine Angstpsychose vor weiteren feindlichen Bombenangriffen breit. Auch von Gasangriffen war wiederum die Rede. Hierzu solle der Gegner durch eine neue deutsche Geschoßart, die an der Westfront Verwendung finde und eine Körperstarre hervorrufe, gereizt werden.

Stimmungsberichte der Wehrmachtpropaganda aus Berlin, 1. bis 7. Januar 1945

Mittwoch, 10. Januar, östlich von Bastogne, Ardennen/Belgien

Egon Th. an seine Mutter in München

Liebe Mama!

Nach schweren Tagen komme ich endlich wieder dazu, Dir ein paar Zeilen zu schreiben. Ich konnte Dir die letzte Zeit nicht berichten, da wir im Einsatz waren (Bastogne). Es war wirklich

Feldpostbrief
des 19jährigen
Panzergrena-
diers Egon

schwer für mich, noch dazu, wo ich so etwas nicht gewöhnt war. Aber man gewöhnt sich an alles. Du weißt, daß ich jetzt Panzergrenadier bin, als MG-Schütze I. Ich will Dir den Verlauf seit Erfurt mal schildern. Am 16. 12. hauten wir ab aus Erfurt u. fuhren dann bis 70 km östlich von Bonn a./Rh., von da *marschierten* wir zur Front (330 km). Kannst Du Dir das vorstellen. Ich hatte aber keine Blase am Fuß. Am Tage haben wir geschlafen u. die ganze Nacht marschiert von 5 h abends bis 7 h früh u. noch dazu das MG am Buckel. Dann kamen wir zum Einsatz am 1. 1. 45. Da sah ich zum ersten Male die Amerikaner aus 50 m Entfernung u. ich hinterm MG. Mir wurde anfangs ganz mulmig, aber ich hätte mein Leben so teuer wie möglich verkauft.

Amerikanische Einheiten Anfang 1945 in der Eifel

Ich habe auch ganz schön reingehalten unter de Blasn*. Nur hat der Kerl soviel Flieger und Kanonen. Und die hämmern dauernd auf dich. Du mußt nur immer den Kopf einziehn, damits einen nicht erwischt. Mir haben sie 2 × meinen MG-Schützen II von der Seite weggeschossen. [...] Sonst nichts Neues. Es grüßt u. küßt Dich herzlich Dein Egon

Sonntag, 14. Januar, Konzentrationslager Bergen-Belsen
Tagebuch Loden Vogel

Sonntag, 14., ist nun auch vorbei. Habe kein Gramm Fett mehr am Leib. Unsere Gruppe arbeitet (zu) schwer, deshalb selten Schläge. Ich esse den Eltern die Haare vom Kopf, trotz aller Transaktionen sind wir drei ein paar Tage Brot im Rückstand. Mams, Paps und ich essen jetzt im Ärztezimmer. Ich bin sehr de-

---

* bayerisch für die Bande.

primiert durch das, was ich dort höre: »Lagerfieber« Typhus ...
Tuberkulose ist immer eine ungünstige Prognose. Mams hustet.
Pakete bekommen wir keine. Es werden Abgrenzungen zwischen den Lagern hier aufgehoben, man weiß noch nicht, welche. Ich habe Filzläuse in den Schamhaaren. Heute Nachmittag
war kein Buch zu bekommen, also habe ich geschlafen. Wurde
heute Morgen wieder schrecklich geschlagen. Meine aufgesprungenen Hände sind voller Risse, meine Füße fühlen sich
noch immer eingeschlafen an, aber es geht jetzt besser. Schade,
daß die Holzschuhe bald am Ende sein werden. Wenn Auschwitz und Birkenau hierher kommen, sehe ich dann Jenny wieder?
Aus Austausch wird nichts (Typhus). Ist Holland noch in deutschen Händen? Komme ich selbst hier heraus, dann ist das Tagebuch nicht mehr nötig, sonst hält Papier länger aus als ein
Mensch, es sei denn, daß es einem Durchfall Leidenden in die
Hände fällt.

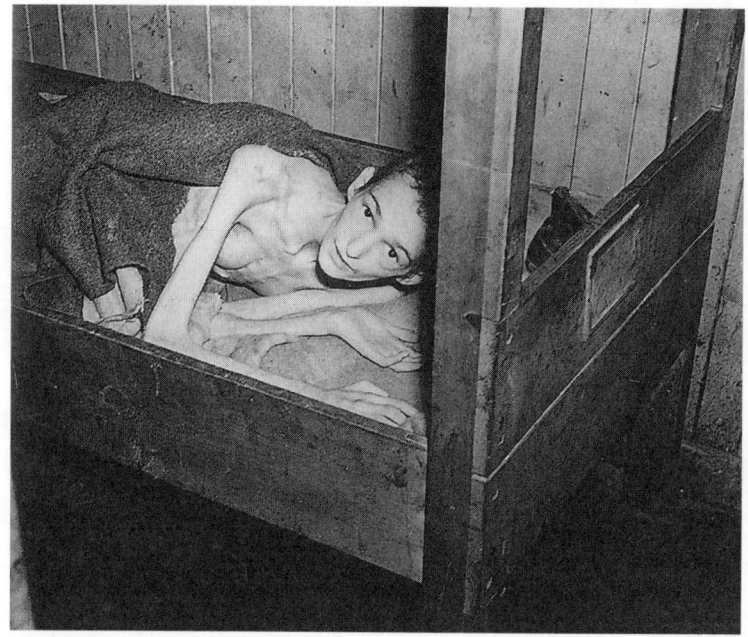

An Typhus erkrankte Jüdin in der Krankenbaracke des KZ Bergen-Belsen

Sonntag, 21. Januar, bei Saarburg
Richard D. an seine Frau in Kohlgraben/Rhön

Beim Anhören des Wehrmachtsberichts wird's einem ganz
anders, heute sind sie in Tilsit, und wir haben nun den Vorteil,
restlos auf der inneren Linie zu kämpfen. Nun wird's ernst in
Breslau, vor allem bei dem Tempo, das die Russen vorlegen.
Man fragt sich bloß, was sich die Amerikaner von einem bol-
schewistischen Europa versprechen, das doch kein aufnahme-
fähiger Markt mehr sein kann für die amerikanischen Produkte.
Das Durcheinander auf beiden Halbkugeln ist nun so groß und
verfilzt, daß sich keine Sau mehr zurecht findet. Wenn unsere
Diplomaten nicht bald eine Lösung finden, geb' ich's auf. Dabei
ist zu bedenken, daß erfahrungsgemäß im Frühling, wenn die
Säfte steigen, kein Krieg zu Ende geht. Wir werden also noch
Gelegenheit haben, an die geruhsamen Tage hier zu denken.
Was soll bloß aus der heranwachsenden Generation werden?
Heute sah ich 18jährige Soldatenbuben mit verbundenen Köp-
fen!

Sowjetische Truppen Ende Januar auf dem Weg zum Frischen Haff

Sowjetische Truppen am 22. Januar in der Stadt Gleiwitz

Gerüchte

Es sollen Waffenstillstandsverhandlungen zwischen Deutschland und den Anglo-Amerikanern im Gange sein mit dem Ziele,
die Offensive im Osten zum Stehen zu bringen. Deutschland
habe mit England und Amerika über die Schweiz Verhandlungen eingeleitet betreffs Nichtbombardierung deutscher
Städte. Dem Führer sei ein Ultimatum gestellt worden, bis zum
31. 1. 1945 zu kapitulieren, sonst würde Deutschland zerschlagen werden. Hiermit hänge die augenblickliche Ruhe in der Luft
zusammen.

*Stimmungsberichte der Wehrmachtpropaganda aus Berlin, 22. bis
29. Januar 1945*

Mittwoch, 24. Januar, Nagold
Tagebuch Elisabeth Dünkelsbühler-Schaible

Angela Be., bei der Heimkehr von der Weihnachtsmesse verhaftet, weil sie Gefangenen ein Körbchen Äpfel zu Weihnachten
geschenkt hat. Sie wird, um den Eindruck der Heimlichkeit zu

Die letzte Sammelaktion »Volksopfer« im Januar unter dem Motto »Was können wir entbehren?«

vermeiden, dem wachhabenden Unteroffizier übergeben. Er erstattete Anzeige: »Als Soldat habe ich 2 Äpfel. Das Mensch gibt körbevoll an die Gefangenen.« Am Christfest, 25. 12., wird sie vom Rathaus in die Irrenzelle des Krankenhauses transportiert. Blieb 3 Tage. Dort Besuch von Ortsgruppenleiter Ra., der sie wie eine Dirne behandelt. (Abschied: »Pfui, pfui, pfui!«). Nach weiteren 3 Tagen Überführung ins Gestapo-Gefängnis nach Stuttgart. Von dort in das Frauengefängnis nach Cannstatt. Lernt bei Fliegeralarm zwei Stauffenberg-Frauen* kennen, die wünschen, der Tod käme durch eine Fliegerbombe. Nach 10 Tagen wieder in Freiheit. Ihre Schwester holte sie ab. Sie kommt heraus – hat zunächst einen Schreikrampf. Jetzt arbeitet sie an einem See bei Eutin in einem bekannten biologischen Forschungsinstitut.

---

* Nach dem Attentat vom 20. Juli 1944 wurden Mitglieder der Familie Stauffenberg in Sippenhaft genommen.

Artilleriefeuerstellung bei Frankfurt an der Oder Ende Februar

Februar

1945

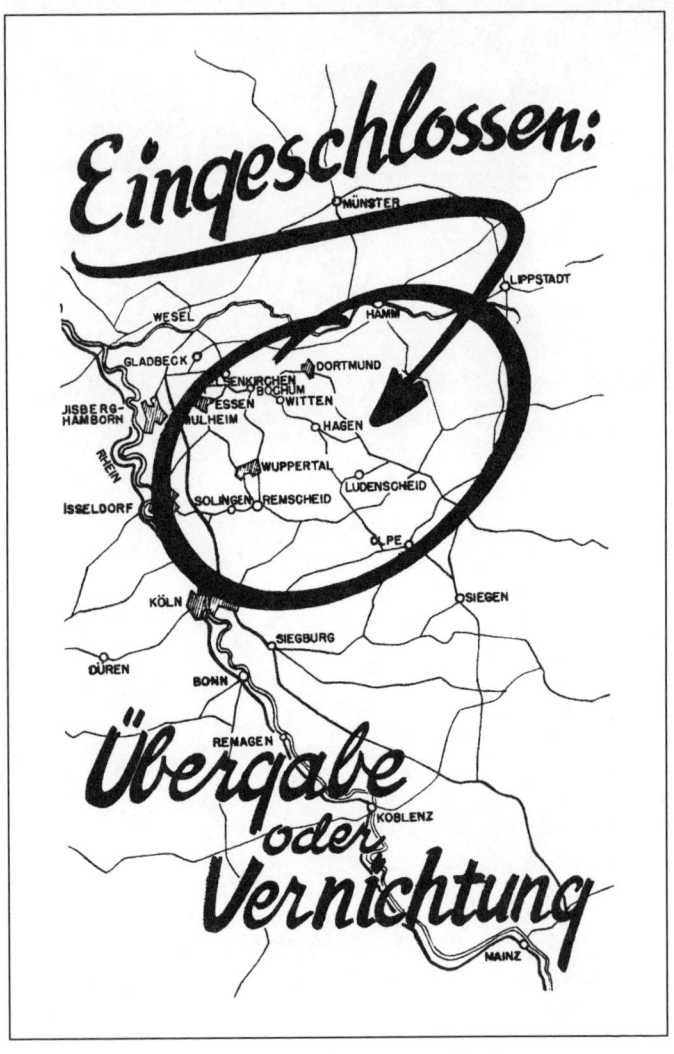

Über dem südlichen Westfalen abgeworfenes Flugblatt der Amerikaner mit der Aufforderung an die deutschen Truppen, die Waffen niederzulegen

Chronik

Die alliierten Luftangriffe gegen deutsche Städte erreichen einen weiteren Höhepunkt. Drastische Kürzungen der Lebensmittelrationen. Völlige Einstellung der Versorgung mit Ruhrkohle. Beginn der Massenvertreibung der deutschen Bevölkerung aus Schlesien und den Ostgebieten. Allein in den letzten drei Kriegsmonaten erklären weitere 13 Länder Deutschland den Krieg.

3. 2. Schwerer amerikanischer Luftangriff auf Berlin (ca. 22 000 Tote). Sowjetische Verbände dringen bis Pyritz und Arnswalde in Pommern vor.

4. bis 11. 2. Konferenz von Jalta (Krim): Die »Großen Drei« Churchill, Roosevelt und Stalin erzielen Übereinkommen über die Aufteilung Deutschlands in vier Besatzungszonen und die Bildung eines alliierten Kontrollrats. Frankreich wird vierte Besatzungsmacht. Anerkennung einer polnischen Ostgrenze (entlang der ehemaligen Curzon-Linie) und Verständigung über eine Verschiebung Polens nach Westen.

5. 2. US-Luftangriffe auf bayerische und österreichische Städte.

7. 2. Alliierte Truppen überschreiten auf breiter Front die deutsche Westgrenze entlang des sog. Westwalls von Aachen bis zur Saar.

10. 2. Die »General von Steuben« (14 660 BRT) sinkt in der Ostsee mit über 4 200 Personen an Bord (659 Überlebende).

11. 2. Ende der Kämpfe um Budapest: Kapitulation der deutschen Truppen, allein 20 000 zivile Tote.

13. und 14. 2. Höhepunkt der alliierten Luftoffensive gegen deutsche und österreichische Städte. Britische Nacht- gefolgt von US-Tagesangriffen auf Dresden (ca. 35 000 Tote, 250 000 Obdachlose).

Sowjetische Truppen stoßen weit nach Niederschlesien vor (Sprottau, Sorau, Bunzlau) und besetzen Teile von Westpreußen.

19. 2. Schwere Tages- und Nachtangriffe alliierter Luftverbände gegen österreichische (u. a. Wien, Graz, Klagenfurt) und deutsche Städte (u. a. Wesel, Osnabrück, Siegen, Meschede). Himmler sondiert über den schwedischen Gesandten Bernadotte die Möglichkeiten eines geheimen Separatfriedens mit den Westalliierten.

20. 2. Großangriff der sowjetischen »1. Baltischen Front« auf deutsche Stellungen in Kurland.

23. – US-Truppen besetzen linksrheinische Städte (Jülich, Düren).
24. 2. Sowjetische Verbände erobern Posen.

25. 2. Amerikanische Truppen erreichen Bitburg in der Eifel.

26. 2. Straßenkämpfe in den Vororten von Breslau. Himmler ordnet die Einsetzung »Fliegender Standgerichte« zur Bekämpfung von Auflösungserscheinungen an.

28. 2. Propagandaminister Goebbels erklärt im Rundfunk: »Wir wollen lieber sterben als kapitulieren.« Die sowjetische Armee bricht ihren 5. Großangriff gegen die deutsche Kurland-Front in Ostpreußen ab.

Montag, 5. Februar, Auckland/Neuseeland
Karl Wolfskehl an Kurt Singer in Australien

Da die Ereignisse doch wohl mehr und mehr zum Guten drängen, blickt manchmal eine Hoffnung auch nach uns aus, die ich mir doch noch kaum ernstlich zu hegen getraue. Aber schon, daß man in untrüberen Momenten des eignen Tageslaufs einmal nach ihr Umschau zu halten wagt, mag, wenn nicht bereits Trost oder Labe, doch wenigstens als Atempause entlasten.

Dienstag, 6. Februar, Beneschau/Schlesien
Rudolf J. an seine Freundin Ingeborg H. in Blaubeuren

Leider sitze ich nun immer noch auf der Schulbank, ich möchte so gern raus. Daß aber die Schulen nicht eingesetzt werden, zeugt von der Ruhe und Siegeszuversicht unserer Führung. Ich bin fest davon überzeugt, daß wir im Osten den Feind wieder zurückschlagen werden. Ein großer Gegenschlag wird auch in Vorbereitung sein. Mir tun nur die armen Frauen und Kinder leid, die bei so eisiger Kälte ihre Heime verlassen mußten. Es muß schrecklich gewesen sein. Solche Bilder kenne ich ja, nur war es damals nicht unsere eigene Zivilbevölkerung. Als Landser kommt einem das gar nicht so zum Bewußtsein, da gehört so etwas mehr oder weniger zum Beruf. Wenn ich gerade in diesen Tagen zurückdenke an die Zeit vor einem Jahr, als wir im Kessel von Tscherkassy waren, da erscheinen vor meinem geistigen Auge sehr deutlich die dramatischen Szenen, die sich damals abspielten. Was jetzt eingetreten ist, habe ich ein wenig schon vorausgesehen. Wenn man im Osten diese Querköpfe und Nichtskönner (Typ 20. Juli) gesehen hat, die nicht fähig waren, anständigen Geist ihren Männern beizubringen und womöglich noch eher zurückweichen als diese, da könnte man manchmal rasend werden. Aber was will man als »kleiner Mann« dagegen tun?! Vor $1^1/_2$ Jahren sagte ich draußen schon mal zu meinen Kameraden: »Köpfe müssen rollen für den Sieg«. Teilweise ist es am 20. Juli auch eingetreten, wahrscheinlich aber noch zu wenig. Die mittlere und untere Führung hatte verlernt Befehle auszuführen. Alle Anordnungen, die von oben kamen, wurden hintergangen und sabotiert. Ich bin froh, daß ich bei einer Truppe bin, wo so etwas nicht vorkam. Das deutsche Volk und insbesondere der Soldat muß jetzt zum Haß, zur Grausamkeit und unerbittlichen Brutalität erzogen werden. Nur dann können wir uns gegen unsere so denkenden Feinde behaupten. Dieser Krieg hat aufgehört ritterlich geführt zu werden, es ist ein Kampf um Weltanschauungen, um Sieg oder Untergang. Uns wird es gelingen unsere Gegner niederzuringen, denn wir sind noch stark, und so lange überhaupt noch einer eine Waffe tragen kann, sind wir nicht verloren.

Freitag, 9. Februar, Usterbach bei Augsburg
Tagebuch Theodor Haecker

Ein infernalischer Stolz hat immer zur notwendigen Begleiterin eine infernalische Dummheit. »Wir haben *alles*« – auf alles lag ein niederschmetternder Akzent – »miteinkalkuliert«, aber es zeigte sich bald, daß eben »Einer« doch nicht miteinkalkuliert war, nämlich: Gott. Aber nur ohne Ihn kann man überhaupt einen so stupend stupiden Satz seinem Volke sagen und hinwiederum: nur ein gottloses und horrend stupides Volk nimmt einen solchen Satz an, ohne aufzuschreien, ohne zu merken, wem es sich da anvertraut hat.

Freitag, 9. Februar, Deutmannsdorf/Niederschlesien
Tagebuch Elfriede Jahn

Die Tage vergehen im Fluge. – täglich kommen die Russen weiter voran u. heute sind sie uns noch 45 km entfernt – Am Ostrand von Liegnitz. Man hört die Artillerie sehr deutlich und Detonationen von Sprengungen. Der Hof liegt voller Flüchtlinge, teils aus dem Kreise Liegnitz, teils aus der Batschka in Ungarn. Sie schlafen im

Leutehaus auf Stroh, wohl 25 Frauen u. Männer u. 12 Kinder.
Wir haben Kaffee gekocht u. die Kinder mit Milch versorgt, die
Pferde u. Zugochsen stehen in der Scheune. Ob wir in einigen Tagen auch auf der Straße liegen? Heute Nacht sollen noch
500 Personen dazukommen, – der Treck ist nur irgendwo fest-
gefahren. Ich war heute mit dem Wagen in Neudorf und mußte an
einem langen Zuge vorbeifahren, ach ein solches Elend – all die
Wagen mit Betten u. Töpfen, Kindern u. Futter beladen. Einen
Satz nur hörte ich im Vorbeifahren von einem alten Bauern: »Aber
wohin, – wohin sollen wir fahren?« – diese Ziellosigkeit ist es, die
alle Menschen bald verzweifeln läßt. – Sachsen ist schon gesperrt, weil dort die Menschen in der Enge des Raumes nichts
mehr zu essen haben. – Die Flüchtlinge hier sollen ins Sudeten-
land fahren – aber wo ist überhaupt noch Sicherheit? 130 km stehen die Russen vor Berlin, – u. dann?, hat es noch Sinn jedes Dorf
zu verteidigen, Tankfallen zu bauen, wenn wir den Russenstrom
doch nicht mehr halten können. – Aber Waffenstillstand? Auch
das ist Tod für uns. – Wer wird im Osten säen? Wir brauchen doch
das Land, – in den Städten hungern die Menschen schon; bezahlen enorme Preise, um ein Brot zu bekommen. Alle Leute müssen
von den eingekellerten Kartoffeln noch 25 kg abgeben u. doch
reicht es nicht. – 1000ende von Zentnern aber kommen um in den

Deutscher Flüchtlingstreck

verlassenen Städten u. Dörfern. Von daheim höre ich nichts mehr, – wie wird es Mutter ergehen mit all' den Flüchtlingen, – aber ich kann nicht fahren, denn die Züge verkehren kaum.

Samstag, 10. Februar, Kiel
Fridolin Müller an seine Frau Mareike
in Oldenburg/Oldenburg

So goldigen Optimismus kann ich allerdings aus Überzeugung auch nicht zeigen wie gestern ein Mann, mit dem ich mich unterhielt »alles Absicht«, meinte er, was jetzt im Osten geschieht. »Wir lassen die Russen vielleicht noch Berlin nehmen, und wenn sie ihre ganzen Truppen nachgezogen haben, dann greifen wir von der Tschechei und vom Ostpreußischen und Kurländischen Brückenkopf aus an und schließen das ganze russische Heer in dem weiten Gebiet bis über Warschau hinaus ein u. vernichten es. Dann ist der Krieg für uns gewonnen. Der Russe macht dann Frieden und wir haben alle Kräfte für den Westen frei«

Gerüchte

Deutschland habe seitens der Anglo-Amerikaner einen Friedensvertrag angeboten erhalten, um danach gemeinsam mit ihnen gegen den Bolschewismus zu kämpfen. Deutschland habe jedoch abgelehnt, weil sich dadurch die Anglo-Amerikaner ohne jedes weitere Opfer in den Besitz Deutschlands setzen würden.

Auch die Sowjets hätten Deutschland einen Friedensvertrag unterbreitet. Sie wollten gemeinsam mit den Deutschen gegen die Anglo-Amerikaner kämpfen, wenn sie dafür freie Hand in Frankreich, Italien, Dänemark und Finnland erhalten. Abermals habe Deutschland abgelehnt, um die völlige Einkreisung und eine später unvermeidliche Niederlage auszuschalten.

Stimmungsberichte der Wehrmachtpropaganda aus Berlin, 14. bis 20. Februar 1945

Donnerstag, 15. Februar, Görlitz
Tagebuch Franz Scholz

Nach dem Heeresbericht verläuft die Front: Sommerfeld (Richtung Berlin!), Sorau, Bunzlau, Goldberg. Aber er ist überholt. Der Kriegslärm ist in Hörweite, wir schätzen auf Lauban (21 km), Penzig (16 km). Das überfüllte Görlitz erwartet stündlich den Räumungsbefehl. Jeder weiß es, keiner weiß wohin. Die Straßen sind verstopft. Die Züge können nur einen kleinen Teil der Wartenden – fast ohne Gepäck mitnehmen. Das Los der werdenden Mütter, der Frauen mit Säuglingen ist entsetzlich. Die Flucht führt sie höchstwahrscheinlich in den Tod (Kälte, Mangel an Milch), aber die herannahenden Russenheere lassen keine Wahl. Blaß und ausgezehrt vor Angst stehen sie da: »Herr Pfarrer, helfen Sie uns, raten Sie uns!« Auch die älteren Männer sind längst vom Volkssturm »gezogen«. Die staatlichen Behörden genießen nicht mehr das geringste Vertrauen. Die Kirche wird zum letzten Halt. Wenn man jetzt ein Wunder der Hilfe wirken könnte!

Arbeitsmänner einer RAD-Flakbatterie am 13. Februar an der ungarischen Front

Donnerstag, 15. Februar, Frankfurt/Oder
Hans S. an seine Frau und Tochter in Ansbach

Meine Lieben!
Seit gestern ist unser Bataillon aus der Front herausgezogen worden, veranlaßt durch den verlustreichen 11 tägigen Einsatz. Doch liegen wir immer noch in der Hauptkampflinie, dem Beschuß der schweren Kaliber ausgesetzt. Seit 9. 2. haben wir einen neuen Bataillonskommandeur, weil Hauptmann Rieger sich z. Zt. vor dem Standgericht wegen eines Rückzugsbefehls verantworten muß. Gestern war ich gerade am Bataillon, als er kam und seine Sachen holte. Sein Leben steht auf dem Spiel. Jeder vernünftig

Plakat zur Propagandakampagne für den »Deutschen Volkssturm«

denkende Mensch bedauert ihn aufrichtig und mit Entrüstung. Wer hätte das geahnt, daß man so mit uns umgeht! Über die Hälfte der Kompanie ist krank und erschöpft. Aber man kennt keine Rücksicht.

Montag, 19. Februar, Görlitz
Tagebuch Franz Scholz

Nach der heiligen Messe wieder Verabschiedungen, Bitten um Rat, Verlangen, die Kinder zu segnen, Übergabe der Wohnungsschlüssel, letzte Wünsche an den Gatten, falls sie nicht lebendig durchkommen sollten. Um 11 Uhr ruft mich der Standortoffizier, bald zur Rüstung eines zum Tode Verurteilten nach der Courbièrekaserne zu kommen. Ein gestern abend aufgegriffener Deserteur. Leichenblaß steht er neben mir. Erst mit meinem Erscheinen wird ihm klar, daß er sterben muß. »Sonst käme ja der Pfarrer nicht.« Mit dem Kriegsrichter suchten wir in der durch die Frontnähe aufgestörten Kaserne einen Raum, wo ihm der Vollstreckungsbefehl vorgelesen und er vorbereitet werden kann. Wir landen im Nebenraum des Geschäftszimmers einer Kampfgruppe. Oft werden wir gestört. Was macht hier ein Menschenleben aus, wenige Kilometer von uns entfernt fallen sie namenlos in großer Zahl. Der Verurteilte konnte das Vaterunser nicht mehr beten. Gefesselt ging er über die Straße zur Richtstätte, dem Schießplatz der Kleistkaserne, wie üblich. »Gut getroffen« haucht er sein Leben aus. Am Nachmittag suche ich seine Braut in der Struvestraße auf, um deretwillen er gestern einige Stunden vom Dienst ferngeblieben war. Sie ist menschlich schwerstens getroffen, kann aber nicht glauben, daß »er« tot sei. Sie kommt zu keiner Konversion des Herzens. – Lauban, 21 Kilometer entfernt, fiel heute in russische Hand, so hören wir.

Hinrichtung eines deutschen Deserteurs durch Feldgendarmerie in einer Kaserne
in Duisburg

Donnerstag, 22. Februar, Piskowitz
Tagebuch Victor Klemperer

Wir setzten uns am Dienstag [13. 2.] abend gegen halb zehn zum
Kaffee, sehr abgekämpft und bedrückt, denn tagüber war ich
ja als Hiobsbote* herumgelaufen, und abends hatte mir Wald-
mann aufs bestimmteste versichert (aus Erfahrung und neuerdings aufgeschnappten Äußerungen), daß die am Freitag zu
Deportierenden in den Tod geschickt (»auf ein Nebengleis geschoben«) würden, und daß wir Zurückbleibenden acht Tage
später ebenso beseitigt werden würden – da kam Vollalarm.**
»Wenn sie doch alles zerschmissen!« sagte erbittert Frau Stühler,

---

  * Klemperer mußte Rundschreiben austragen, die arbeitsfähige Ju-
    den aufforderten, sich am nächsten Tag zum »auswärtigen Arbeits-
    einsatz« einzufinden.
** Der britische Nachtangriff zerstörte Dresden.

die den ganzen Tag herumgejagt war, und offenbar vergeblich, um ihren Jungen freizubekommen. – [...]

Ich stand dann oben, im Sturmwind und Funkenregen. Rechts und links flammten Gebäude, das Belvedere und wahrscheinlich – die Kunstakademie. Immer wenn der Funkenregen an einer Seite zu stark wurde, wich ich nach der andern zu aus. Im weiteren Umkreis nichts als Brände. Diesseits der Elbe besonders hervorragend als Fackel der hohe Aufbau am Pirnaischen Platz, jenseits der Elbe weißglühend, taghell das Dach des Finanzministeriums. Allmählich kamen mir Gedanken. War Eva verloren, hatte sie sich retten können, hatte ich zu wenig an sie gedacht? Ich hatte die Wolldecke – *eine,* die andere war mir wohl mit dem Hut verlorengegangen – um Kopf und Schultern gezogen, sie verdeckte auch den [Juden]Stern, ich trug in den Händen die kostbare Tasche [mit Manuskripten] und – richtig, auch den Lederhandkoffer mit Evas Wollsachen, wie ich den bei all der Kletterei festgehalten habe, ist mir rätselhaft. Der Sturm riß immer wider an meiner Decke, tat mir am Kopf weh. Es hatte zu regnen begonnen, der Boden war naß und weich, dort mochte ich nichts hinstellen, so hatte ich schwere körperliche Anstrengung, und das betäubte wohl und lenkte ab. Aber zwischendurch war immer wieder als dumpfer Druck und Gewissenstich da, was mit Eva sei, warum ich nicht genug an sie dächte. Manchmal meinte ich: Sie ist geschickter und mutiger, sie wird in Sicherheit sein; manchmal: Wenn sie wenigstens nicht gelitten hat! Dann wieder bloß: Wenn die Nacht vorüber wäre! [...]

Es regnete, es stürmte, ich kletterte ein Stück hinauf bis an die z. T. abgestürzte Brüstung der Terrasse, ich kletterte wieder hinunter in Windschutz, es regnete immerfort, der Boden war glitschig, Menschengruppen standen und saßen, das Belvedere brannte, die Kunstakademie brannte, überall in der Ferne war Feuer – ich war durchaus dumpf. Ich dachte gar nichts, es tauchten nur Fetzen auf. Eva – warum sorge ich mich nicht ständig um sie – warum kann ich nichts im Einzelnen beobachten, sondern sehe nur immer das Bühnenfeuer zur Rechten und zur Linken, die brennenden Balken und Fetzen und Dachsparren in und über den steinernen Mauern? Dann machte mir wieder der ruhige Denkmalsmann auf der Terrasse seltsamen Eindruck – wer war es? Aber die meiste Zeit stand ich wie im Halbschlaf und wartete auf die Dämmerung. Sehr spät fiel mir ein, mein Gepäck zwischen die Zweige eines Buschs zu klemmen: Da konnte ich etwas freier stehen und meine Schutzdecke etwas besser zusammenzuhalten. (Den Lederkoffer übrigens hat doch Eva gehabt; immerhin waren die Tasche und der Rucksack beschwerend genug.) Das verkrustete Wundgefühl um das Auge herum, das Reiben der Decke, die Nässe wirkten auch betäubend. Ich war ohne Zeitgefühl, es dauerte endlos und dauerte auch wieder gar nicht so lange, da dämmerte es. Das Brennen ging immer weiter. Rechts und links war mir der Weg nach wie vor gesperrt – ich dachte immer: Jetzt noch zu verunglücken wäre jämmerlich.

Verbrennung von Leichen nach dem Luftangriff auf Dresden vom 13./14. Februar

Sonntag, 25. Februar, vor Frankfurt/Oder
Hans S. an seine Frau und Tochter in Ansbach

Man müßte eigentlich diesen Herren, die uns ans Messer geliefert haben, ordentlich ins Gewissen reden. Das vermögt jedoch
nur Ihr in der Heimat. Die Ratten verlassen nämlich bereits das
sinkende Schiff. Vorgestern fuhr Hauptmann von Fr. nach A. in
einen 4wöchigen Erholungsurlaub. Übermorgen soll ein Kom-
panieführer M. zu H. nach Nürnberg fahren, um Nachersatz für
die ausgefallenen Leute zu holen. Das sind untrügliche Anzeichen, daß man uns nicht abzulösen gedenkt. Warum stellt sich
Seitz und Schuckmann nicht mit der Knarre vor den Russen?
Ist ihr Leben wertvoller als das unsrige? Gestern abend kamen

Blick auf
das zerstörte Dresden

Neu aufgestellte Einheit von Panzergrenadieren im Februar auf dem Marsch an die oberschlesische Front

unsere Leute aus der Stellung zurück. 3 Tage und 3 Nächte in Erdlöchern sitzend, dem Regen und Granatfeuer schutzlos preisgegeben. Den Gesundheitszustand könnt Ihr Euch ausdenken, wenn Ihr dabei bedenkt, daß es ja größtenteils lauter wehruntaugliche Leute sind, überdies in einem Alter, wo die körperliche Widerstandskraft nicht mehr groß ist.

Dienstag, 27. Februar, London
Kurt Schwitters an Marguerite Hagenbach

Durch Ihren Brief erfuhr ich auch, daß Helmas Häuser und der Merzbau, sowie viele meiner Werke nicht mehr existieren. Es ist natürlich traurig, aber weit mehr für Andere als für mich. Für mich ist das Schaffen einer Arbeit das Wichtigste. Ich lerne daran, und ich habe ein Mittel, den Menschen mitzuteilen, wie man nach meiner Ansicht malen, dichten oder modellieren soll. Die Geschichte wollte es anders, und der Merzbau teilt nicht mehr

Deutlich schreiben!

Lebenszeichen von *Brater   Karl*
(Zuname)   (Vorname)

aus *Würzburg, Ottostr. 16*
(Ortsangabe)   (Straße)

Datum: *18. III. 1945* (Inhalt zugelassen höchstens 10 Worte Klartext)

[handschriftlicher Text]

StdW. 4505 45

»Eilnachricht« auf einer Postkarte: »Eltern total ausgebrannt, komme
sofort.«

mit. Aber die Menschen verdienen es eigentlich nicht, daß ihnen
Kunstwerke erhalten bleiben, da sie nicht dafür selbst eintreten.
Ich habe ein anderes einmaliges Werk geschaffen, die Ursonate,
die verloren ist, schon wenn ich nicht mehr fähig bin vorzutra-
gen. Es wäre einfach, sie auf Grammophon zu sprechen, aber
wer würde sich dafür einsetzen? Aber vielleicht hat mein Sohn
Ernst recht, daß man den Wert der Kunst nicht überschätzen
soll. Menschen sind mehr als tote Kunstwerke, und ich bin froh,
Freunde wie Sie zu haben. Schreiben Sie mir doch bitte öfter,
auch ohne einen so wichtigen Anlaß.

Mittwoch, 28. Februar, Princeton, New Jersey/USA
Hermann Broch an Hans Sahl in New York

Wer Warschau kritisiert – an sich eine Pflicht –, sollte daher auch
angeben können, wie die Besiegung Deutschlands ohne diese
Grauensmaßnahme mit weniger Opfern hätte vor sich gehen

Eine Kompanie der Hitlerjugend Ende Februar bei der Verteidigung einer Stadt in Pommern

können; wer Athen kritisiert, müßte angeben, mit welch andern Mitteln die Sicherung des englischen Empires (die Welt würde die Auflösung des Empires mit einer ihrer gewaltigsten, jetzt nahezu tödlichen Wirtschaftskrise bezahlen müssen) vorzunehmen wäre, und so furchtbar es ist, daß die Zukunft der Welt in Jalta als Machtkompromiß zwischen drei (sicherlich begabten) Berufspolitikern abgehandelt worden ist, es hat kaum einen anderen möglichen Weg gegeben; die Logik der Tatsachen hat kaum ein anderes Vorgehen gestattet, und davor wird die Kritik, mag sie mit dem Vorwurf der leeren Utopie noch so berechtigt sein, einfach wirkungslos. Eher noch ließe sich Kritik von einem bestimmten Dogma aus fundieren, also als streng marxistische oder streng katholische Kritik, denn mit solcher wird etwas Bestimmtes gefordert, mag auch dieses bei der unendlichen Kompliziertheit der heutigen Welt undurchführbar sein. Aber schließlich beginnt alles mit Übersimplifikation; so ist es in der Bewußtseinsstruktur vorgeschrieben.

März

1945

An die

ZIVILBEVÖLKERUNG

Frankfurts am Main und Mannheim - Ludwigshafens

IHR wohnt in einem der wichtigsten Kriegsindustriegebiete Deutschlands. Die Kriegsindustrien Frankfurts und Mannheim-Ludwigshafens werden von jetzt ab einem erbarmungslosen Bombardement ausgesetzt.

Es ist aber nicht das Ziel der Alliierten, das deutsche Volk zu vernichten. Vernichtet werden soll die deutsche Kriegsmaschine.

Der alliierte Oberbefehlshaber erlässt daher folgende Bekanntmachung:

1. Die Bekanntmachung gilt für alle Teile des Stadtkreises Frankfurt am Main, einschliesslich folgender Vororte: NIEDERURSEL, HEDDERNHEIM, ESCHERSHEIM, ECKENHEIM, GINNHEIM, PREUNGESHEIM, SECKBACH, FECHENHEIM, BÜRGEL, OFFENBACH, OBERRAD, NIEDERRAD, GRIESHEIM, RÖDELHEIM, HAUSEN, PRAUNHEIM.

2. Die Bekanntmachung gilt für die Stadtkreise Mannheim-Ludwigshafen, einschliesslich folgender Vororte: SANDHOFEN, WALDHOF, KÄFERTAL, WALLSTADT, FEUDENHEIM, SECKENHEIM, NECKARAU, MUNDENHEIM, RHEINGÖNHEIM, MUTTERSTADT, FRIESENHEIM, OGGERSHEIM, OPPAU, EDESHEIM, FRANKENTAL.

3. Diese Gebiete sind jetzt Kampfzonen. An alle Bewohner dieser namentlich aufgeführten Gebiete ergeht hiermit die Aufforderung, sich selbst und ihre Familien unverzüglich ausserhalb der Kampfzone in Sicherheit zu bringen.

4. Besonders wird darauf hingewiesen, dass in den oben genannten Gebieten von nun an weder Bunker noch Unterstände Sicherheit gewähren können.

Euer Leben hängt von der sofortigen Ausführung dieser Anweisungen ab. Handelt sofort! Heraus aus der Gefahrenzone! Heraus aus dem Krieg!

Dwight D. Eisenhower

DWIGHT D. EISENHOWER,
General,
Oberbefehlshaber der alliierten Streitkräfte

S.H.A.E.F., 17. März 1945

DEUTSCHE ARBEITER! Gebt diese Bekanntmachung des alliierten Oberbefehlshabers sofort an Eure ausländischen Arbeitskollegen weiter!

WG 48

Flugblatt der Alliierten vom 17. März

Chronik

Alliierte Luftverbände fliegen Tag- und Nachtangriffe gegen deutsche Städte bei abnehmendem Widerstand vom Boden aus. Erfolgreicher Vorstoß der Alliierten an allen Frontabschnitten. Fortsetzung des U-Boot-Krieges. Die Massenevakuierung von Flüchtlingen aus Ost- und Westpreußen über See wird fortgesetzt. Mitte März sind noch etwa 700 000 Menschen in KZ-Lagern gefangen.

Alliierte Truppen besetzen Trier, Xanten und Krefeld und erreichen den Rhein bei Neuss. 3. 3.

Der Jahrgang 1929 wird eingezogen. 5. 3.

Beginn der letzten deutschen Offensive (6. SS-Panzerarmee) in Ungarn, sie scheitert bereits nach wenigen Tagen. 6. 3.

Die 1. US-Armee erobert Köln. Errichtung eines rechtsrheinischen Brückenkopfes bei Remagen nach Einnahme der unzerstörten Rheinbrücke. Die 7. deutsche Armee im Raum Trier-Koblenz-Köln ist eingekesselt. Sowjetische Truppen dringen südlich von Stettin vor: »Schlacht in Pommern« (OKW-Bericht). Kolberg wird eingeschlossen. 7. 3.

Der SS- und Polizeiführer in Italien, Wolff, verhandelt mit den Alliierten in der Schweiz über einen Waffenstillstand für Norditalien. 8. 3.

Amerikaner besetzen Bonn und erweitern ihren Brückenkopf bei Remagen. 25 000 deutsche Flüchtlinge aus Kolberg über die Ostsee evakuiert. Hitler ordnet die Bildung eines »Fliegenden Standgerichtes« für Wehrmacht und SS »ohne Unterschied des Ranges« an (»Das Gnadenrecht entfällt«). 9. 3.

Die sowjetische Armee erobert Küstrin. Schwerer britischer Luftangriff (1 000 Flugzeuge) auf Dortmund. Straßenkämpfe im Süden Breslaus. 12. 3.

18. 3.   Kolberg kapituliert. Die 8. US-Luftflotte wirft über 4000 t Bomben in der Mitte und im Osten Berlins ab. Beginn der »6. Kurland-Schlacht«: Großangriff der 10. sowjetischen Garde-Armee gegen Stellungen der 18. deutschen Armee. Hitler erklärt gegenüber Rüstungsminister Speer: Wenn der Krieg verloren sei, werde auch das deutsche Volk verloren sein und Was nach dem Kampf übrig bleibe, seien ohnehin nur die Minderwertigen, denn die Guten seien gefallen.

19. 3.   Hitler erläßt den ersten sog. Nero-Befehl, der die Zerstörung aller »militärischen Verkehrs-, Nachrichten-, Industrie- und Versorgungsanlagen sowie Sachwerte innerhalb des Reichsgebietes« vorsieht. Weitere Befehle und Präzisierungen folgen am 30. März und 7. April.

20. 3.   Zusammenbruch der deutschen Front westlich des Rheins nach Vereinigung der 3. und 7. US-Armee. »Die große Schlacht um West- und Ostpreußen« (OKW-Bericht) nimmt an Heftigkeit weiter zu. Sowjetische Truppen erobern Braunsberg.

22. 3.   Mainz wird von den Amerikanern eingenommen. Die 3. US-Armee dringt bis in den Raum Groß-Gerau vor. Himmler wird als Oberbefehlshaber der Heeresgruppe Weichsel abgelöst.

23. 3.   Zusammenbruch der deutschen Front im Raum Danzig. Küstrin von sowjetischen Truppen eingeschlossen. Großangriff alliierter Truppen im Raum Wesel erzwingt Rheinübergang.

24. 3.   40000 alliierte Truppen überqueren (in Anwesenheit Churchills) den Rhein (Beginn der »Schlacht am Niederrhein«). Der deutsche »Volkssturm« wird der Sondergerichtsbarkeit unterstellt.

25. 3.   Die 3. US-Armee besetzt Darmstadt. Sowjetische Verbände dringen nach Danzig vor. Feldmarschall Montgomery erläßt ein Fraternisierungsverbot (Beschränkung des Umgangs mit Deutschen auf dienstlichen Verkehr). Hitler verbietet jede Kapitulation.

26. 3.   Die 3. US-Armee erreicht Frankfurt, Offenbach, Hanau und Aschaffenburg. Die Evakuierung von Flüchtlingen aus West- und Ostpreußen über See wird fortgesetzt.

Die 70. sowjetische Armee erobert Gotenhafen. Straßenkämpfe   27. 3.
in Danzig. Abschuß der letzten V2-Raketen gegen London. Letzte
Deportation von Juden aus Berlin nach Theresienstadt.

Die 21. britische Heeresgruppe besetzt Teile des nördlichen   28. 3.
Ruhrgebiets. Vorstoß der Amerikaner bis in den Raum Marburg-
Gießen.

Alliierte Truppen besetzen Wetzlar, Gießen, Marburg und Mann-   29. 3.
heim.

Einheiten der 3. US-Armee erobern Heidelberg und Schwet-   30. 3.
zingen. Spitzen der 1. US-Armee erreichen Bad Wildungen und
Brilon. Alliierte Luftangriffe auf Berlin, Hamburg, Bremen, Wil-
helmshaven sowie Wien und Graz. Rückzug der deutschen Verbände aus Danzig.

Fortsetzung der schweren alliierten Luftangriffe. Einkesselung   31. 3.
der deutschen Heeresgruppe B, 5. Panzerarmee und 15. Armee
(ca. 300000 Mann) im »Ruhrkessel«. Erfolgreicher sowjetischer
Angriff in Oberschlesien.

Die Einwohner eines zerstörten Kölner Vororts werden über Feuerwehr-
schläuche mit Wasser versorgt

Freitag, 2. März, Berlin
Elisabeth Langgässer an Elisabeth Andre

Mein liebstes, bestes Herzlein!

Gestern bekam ich Deinen lieben Brief vom 20. Febr. und nahm ihn gleich mit in den Luftschutzkeller. Wir haben jetzt Tag und Nacht Alarme, dazwischen Stromsperre, kein Telefon – und großen Hunger. Gottseidank habe ich die Kleinen bis jetzt immer satt bekommen, obwohl ich manchmal *verzweifelte* Anstrengungen machte, die Münder zu stopfen. Denn die Kinder sind gesund, schrecklich lebhaft, immer bereit, etwas zu essen, und der Luftwechsel hat natürlich ihren Appetit kolossal angeregt. Jedesmal heißt es nach dem Essen: »und was gibt es *noch?!*« Reinhold wiegt jetzt ohne Kleider noch ganze 110 Pfund!! Ich selbst habe weniger abgenommen, denn die Köchin kommt ja schon allein durch das Abschmecken in der Küche zu allerlei Häppchen, die sie dazwischen in den Mund steckt. Aber Reinhold! Du glaubst, einen Fakir vor Dir zu haben – das ganze Knochengerüst zeichnet sich ab. Es ist jammervoll anzusehen.

[...] mein Zustand hat sich durch die ungeheure Mehrbelastung ständig verschlechtert (Schwere in Armen und Beinen, Unsicherheitsgefühle aller Art), und man verhütet das Äußerste jetzt durch eine ambulante Kur (Homoseranspritzen, die ich 2 mal in der Woche in den Körper gejagt bekomme – sehr große Dosen). Trotzdem bin ich ruhig und tief, tief glücklich über die Tatsache, daß wir 5 nun wieder beisammen sind, daß die Kinder gut gedeihen, daß sie glücklich sind, bei ihren Eltern zu sein – – und daß es *so* liebe, schöne, intelligente kleine Wesen sind. Du wirst deshalb auch verstehen, Lieslein, daß wir uns auf gar keinen Fall wieder trennen, sondern lieber zusammen untergehen wollen – aber daran glaube ich nicht. Wir leben wie »Spatzen in Gottes Hand« und vertrauen ihm, der sich uns schon so oft gnädig erwiesen hat. Fränzi ist zur Zeit besonders süß. Sie ist vielleicht die Begabteste aller Kinder (*sehr* klug, mit unendlich viel Reiz und unwiderstehlichem Charme.) Ihr Vorstellungs- und Wortschatz ist erstaunlich groß, desgleichen ihre oft verblüffende Kombinationsgabe. »Tromsperre« und »Doppel-Leife« (am Schühchen) sind so zwei ihrer neuesten Ausdrücke – und ganz genau unterscheidet sie zwischen »Voralarm« und »Vollalarm«. Im Luftschutzkeller sitzt sie immer auf meinem Schoß, schmiegt das Köpfchen an meine Brust und schläft ein.

[...] Noch eine Frage, Lieslein. Man kann jetzt wieder Pakete schicken – hättest Du ein bißchen Gemüse, Eingemachtes oder sonst irgendetwas für uns? Du kannst Dir ja vorstellen, daß es

Szene auf dem Frankfurter Bahnhof im Frühjahr 1945: auf der Suche nach Nahrungsmitteln unternehmen die Stadtbewohner Hamsterfahrten aufs Land

in Bln. [Berlin] kein Obst gibt, und mit Kartoffeln sind wir *jämmerlich* knapp.

Sei, Du Liebste, innigst umarmt, geküßt und liebgehalten von Deiner Elisabeth, die sich schrecklich über einen Telefonanruf freuen würde. Reinholdchen läßt gleichfalls herzlich grüßen.

Samstag, 3. März, Weitenhagen bei Stolp/Pommern
Herta B. an ihre Familie in Hagen

Meine lieben Eltern und Geschwister.

Nun sollen Euch nach langer Zeit ein paar Zeilen von mir erfreuen. Wie geht es Euch. Uns allen geht es soweit noch gut. Ich hatte Euch ja schon einen Brief geschrieben und Euch unsere Flucht geschildert, ich weiß aber nicht, ob Ihr aus dem schlau geworden seid, denn im Wagen könnt Ihr Euch ja denken, wie es sich da schreibt. In diesem Brief werd ich Euch mal richtig schildern. Es war am 30. 1. 1945, [da] fuhren wir von Bartenstein los. Schon am Sonntag kam der Räumungsbefehl, doch wir blieben noch. Als wir aus Bartenstein raus fuhren, da schossen sie schon über uns weg. Wir fuhren dann 15 km raus bis in Stadtwald zu dem Förster. Da blieben wir 4 Tage. Am Montag fuhren wir weiter. Das Wetter war sehr gut. Es hatte etwas gefroren, und es war ganz blauer Himmel. Vor Pr[eußisch] Eilau sahen wir, wie verschiedene Stellen brennen, und als wir in die Stadt kamen, auf einmal kam der Russe und schoß mit Bordwaffen und warf Bomben. Wir wußten nicht, wo wir uns verstecken sollten. Immer und immer wieder kamen die Flugzeuge und bombardierten. Unser Fuhrwerk raste durch die Straßen. Doch es war gut, daß es niemand von uns getroffen hat, es lagen wohl auf der Straße viel tote Menschen und Pferde. Als wir aus Pr. Eilau raus kamen, da suchten wir in einem Wald Deckung. Gegen Abend fuhren wir dann weiter und sollten nach Zinten, als wir vor Rositten waren, mußten wir umkehren und wir wurden nach Heiligenbeil geschickt. So fuhren wir denn Lichtenfeld, Eisenberg, Heiligenbeil. Vor Heiligenbeil war Kontrolle, weil wir übers Eis

sollten, der Wagen sollte nur 30 Zentner wiegen. Zum Glück
brauchten wir nichts abladen. Weil der Onkel sagte, wir führen
nach sein Väterliches und wollten da abladen. Vor dem Eis mußten wir auf einem Acker übernachten. Am anderen Morgen fuhren wir auf Eis immer der Nehrung entlang, 800 m vom Ufer entfernt. Es dauerte 3 Tage und 2 Nächte bis wir vom Eis kamen, es
war eine grauenhafte Fahrt. Wir waren froh, als wir festen Boden
unter den Füßen hatten. Nichts Warmes zu Trinken und zu Essen. Das Eis war schon brüchig, und überall waren Risse. Eine
Scholle mit 24 Wagen ging unter, eine Frau wurde gerettet vor
uns und hinter uns sackten Wagen. In der Nacht suchten wir uns
eine trockne Stelle aus und blieben stehn. Grade die Nacht war
am schlimmsten. Von überall kamen Hilferufe zu hören. Stunde
um Stunde mußten wir ein Stück weiterfahren, weil schon Wasser stand. Bei Kahlberg bekamen wir Artilleriefeuer. Die Wagen
waren ungefähr zu 15 Reihen aufgefahren. Erst schoß der Russe
im Schilf, dann immer zwischen Wagen, es war schrecklich,
oben drüber waren noch die russischen Flieger und warfen Split-
terbomben und schossen mit Bordwaffe, wer das nicht mitge-
macht hat, kann sich das garnicht vorstellen. Nun bestanden
3 Gefahren. Einmal, daß wir einbrechen konnten. 2. daß wir von
Artillerie getroffen würden, und drittens, daß wir mit Bordwaffe
eins kriegen. Ganz am Ende vom Frischen Haff in Bodenwinkel
fuhren wir auf Land. Von da ging es immer weiter, nur des
Nachts rasteten wir. Wir kamen über Danzig, Zopot, Gotenhafen
und dann nach Pommern. Hier fing es dann an, daß wir unsere
Pferde in den Stall oder Scheune stellen [konnten] und daß wir
von der N.S.V* verpflegt wurden und mal in warme Zimmer kamen. Nun kamen wir bis hier im Kr[eis] Stolp. Wir liegen nun
schon den 2. Tag auf einer Stelle. Warum wir nicht weiter fahren
dürfen, wissen wir nicht, vielleicht geht es morgen weiter, vielleicht liegen wir auch länger. Gestern hörte ich, daß Hagen an-
gegriffen wurde. Hoffent[lich] seid Ihr alle gesund.

---

* Nationalsozialistische Volkswohlfahrt.

Nachtjägerstaffel Anfang März bei der Berechnung der Flugrichtung und Höhe alliierter Flugzeuge

Montag, 5. März, Marburg
Tagebuch Lisa de Boor

Die DAZ* stellt ihr Erscheinen ein, sie war dürftig genug in letzter Zeit. Sie verabschiedet sich von ihren Lesern in dem Glauben an die deutsche Zukunft. Überflüssigerweise bringt die letzte Nummer ein Bild Hitlers mit dem Reichsarbeitsführer. Hitler sieht aus wie ein Schatten aus der Unterwelt ... Am Sonntag las ich verbotene Dichter, Henry Benrath, Thomas Mann und Fritz von Unruh. Vieles war richtig wohltuend. Bewegt hat mich der Schluß von Unruhs Drama »Vor der Entscheidung«: »Lügengötter stürzen nieder! / Sonne, Sonne leuchtet wieder!« Bald werden wir das für unsere Zeit sagen dürfen.

Am Rhein steht die gewaltige alliierte Übermacht, die Deutschen sprengen die Brücken über den Rhein. Wir hoffen in-

---

* Deutsche Allgemeine Zeitung.

ständig, daß nutzloser Widerstand unterbleibt – um der armen Menschen willen. Dabei wird der Jahrgang 1929 eingezogen!

Abends lasen wir einen Vortrag Rudolf Steiners über Finnland. Das tapfere, kleine und liebenswerte Land, gerade hat es Deutschland noch den Krieg erklärt.

Ich faßte mir ein Herz und schrieb Monikas wegen an Winifred Wagner, sie müßte doch Möglichkeiten der Hilfe haben. Nachts bedrücken mich diese Dinge über die Maßen, aber im ganzen hält mein Herz stand, schlägt ruhig und sicher in Erwartung des unausbleiblichen Endes.

Neue Lebensmittelmarken mit starken Kürzungen. Kartoffeln im Keller werden revidiert, sollen zum Teil enteignet werden. Ratlose Frauen diskutieren darüber am Milchwagen, glauben Hungersnot in Sicht.

Dienstag, 6. März, Kiel
Fridolin Müller an seine Frau Mareike
in Oldenburg/Oldenburg

Wenn wir die Regierung von 1918 noch hätten, dann könnte man jetzt mit absoluter Sicherheit schon das Ende des Krieges für die nächsten Wochen voraussehen. Aber heute kann man bestimmt erwarten, daß Wehrmacht und Volk bis zum letzten bei der Stange gehalten werden. Ich glaube, daß unsere neue Propaganda für diesen Zweck auch viel geeigneter ist als die bisherige Prahlerei. Daß wir noch in der Lage sind, einen entscheidenden Sieg zu erringen, das glaubte ja doch kaum noch jemand bei unserer augenblicklichen Lage. Solche Phrasen nützen dann also auch nicht mehr und ich fand es darum recht geschickt, daß mittags in dem Bericht zur Lage gesagt wurde, wir brauchten den Feind nicht zu schlagen; wir hätten auch noch gesiegt, wenn es uns gelänge, ihn von den Hauptteilen Deutschlands zurückzuhalten und so Herr im eigenen Hause zu bleiben. Vielleicht werden sie dann doch eines Tages müde und machen Frieden. Das ist eine Propaganda, die vielleicht noch Hand und Fuß hat. Eine solche, den Tatsachen

Die 9. US-Panzer-Division nimmt am 7. März die Ludendorff-Brücke über den Rhein bei Remagen nahezu unzerstört in Besitz

Rechnung tragende Bescheidenheit ist wirklich viel sympathischer und wird sicher Begeisterung erwecken. Später können wir dann unsere Ziele wieder weiter stecken. Man möchte beinahe Vergleiche zum 9. November 1923* ziehen: wir sind am Ende einer etwas gewaltsamen Politik und müssen jetzt versuchen, mit allen Mitteln unsern völligen Untergang zu verhindern, um uns dann eines Tages in organischer Entwicklung unsern Platz in der Welt wieder zu erobern. Es kann u. darf ja doch ein Volk wie das Deutsche nicht einfach verschwinden.

---

* Tag des Hitler-Putsches.

Samstag, 10. März, Nagold
Tagebuch Elisabeth Dünkelsbühler-Schaible

Lebensmittelrationen in den letzten Wochen stark gesunken. Neuerlich verboten, Gänse, Enten und, ab 1. Juni, mehr Hühner als die Familienkopfzahl zu halten. G. sagt, der Schulunterricht leide immer mehr unter dem Krieg, den Alarmen und den zerrütteten Nerven der Lehrer, von denen viele über das Pensionsalter hinaus sind. Im Turnunterricht gebe es seit Wochen nur noch Spaziergänge am Schlossberg und zur Fuchsfarm, auf denen »Volle Fliegerdeckung« geübt wird und die Schüler sich, ohne Rücksicht auf Verschmutzung, auf den Boden oder in einen Graben werfen müssen.

»Heldengedenktag«: Generalfeldmarschall Keitel, Reichsmarschall Göring und Großadmiral Dönitz am 11. März nach der Kranzniederlegung am Berliner Ehrenmal

Montag, 12. März, Munster-Lager bei Soltau
Fritz Sch. an seine Eltern in Melsungen

Gestern abend saßen mit uns im Luftschutzkeller Frauen, Gutsbesitzersfrauen aus Westpreußen, die hier mit ihrem bißchen Hab und Gut liegen, was 2 Pferde wegziehen können, wenn man die erzählen hört, wie sie von Tür zu Tür abgespeist werden, und wie saublöd die Verwaltung dort oben gearbeitet hat, dieser elende deutsche Amtsschimmel, dann wundert es einen nicht, daß die Karre jetzt so tief im Dreck sitzt. Wer dort oben im Auto zuerst flitzen ging, könnt Ihr Euch ja denken – das waren mal wieder die Maulhelden, die den Krieg mit Schnauze gewinnen wollen. Aber was soll man machen, wir ändern nichts an der Sache, und gegen Dummheit kämpfen ja bekanntlich Götter selbst vergebens. Es ist nur ein Jammer, wenn man alles so mitansehen muß, wie ein Teil Deutschlands nach dem anderen zerstört wird und all das, was unsere Väter in mühsamer Arbeit aufgebaut haben, jetzt Stück für Stück in Trümmer sinkt. So geht es, wenn man das Schicksal mutwillig herausfordert. Wann werden wir uns von diesen furchtbaren Schlägen wieder erholen? Ob wir das noch erleben werden, wenn wir auch einigermaßen noch dabei wegkommen? Was Kunst und Wissenschaft in diesem Kriege eingebüßt haben, ist nie wieder einzuholen. Nun die Neger leben ja auch ohne diese Dinge, und auf unsere Kultur brauchen wir uns nicht allzu viel einbilden, denn wie kultiviert wir sind, hat ja dieser Krieg zur Genüge bewiesen.

Dienstag, 13. März, Breslau
Bruno an seine Schwägerin Lisa

Seit dem 20. Januar, dem Tag, den ich so verwünsche, bin ich nun auch »dabei«. Nun, gern bin ich nicht gegangen, denn ich weiß, wie es bei so etwas zugeht. Ich liege noch in der Nähe eines Vorortes von Breslau. Bin auch noch einmal in der Stadt gewesen. Furchtbar, eine tote Stadt. Ich wünschte, es wäre die letzte deutsche Stadt, die so Greuliches über sich ergehen lassen muß.

Mittwoch, 14. März, Lübben/Spreewald
Hedwig F. an ihre Familie in Haueneberstein bei Rastatt

Wo wird Alfons jetzt sein? Wie Ihr mitteilt, war er zuletzt in Tübingen. Leider konnten Mutter und Marie nicht mehr zu ihm fahren, aber es sollte eben so sein.

[...]

Hoffen wir, daß er und wir alle gesund bleiben, der Krieg wird ja auch nicht ewig dauern. Gewiß, manchmal ist's schwer, aber dennoch, das Leben muß weitergehen. Dankt Gott und seid froh, ein Dach überm Kopf zu haben, lieber 20 Leute, die heimatlos sind, aufnehmen als flüchten müssen. Um im Leben vorwärts zu kommen, muß man immer auf die sehen, denen es schlechter geht, und nicht auf die, die es besser haben. Und so wollen wir auch dankbar sein. Seid nur froh, daß Ihr eine gute Kartoffelernte hattet, manche wären froh, sie dürften sich an Kartoffeln mit Salz sattessen.

Goebbels ehrt deutsche Soldaten in Lauban, nachdem die schlesische Stadt Anfang März kurzzeitig zurückerobert worden war

Donnerstag, 15. März, Kemnath/Oberpfalz
Tagebuch C. F. W. Behl

Gestern und heute haben wir auf zauberhaften Nachmittagsspa-
ziergängen von allen Reizen der lieblichen Umgebung Besitz
ergriffen. Man hat nun wieder ein neues Gefühl der Geborgen-
heit. Freilich drängt der Wind zuweilen das dumpfe Rollen des
Geschützdonners der Westfront zu uns herüber, und feindliche
Flieger auf ihren Wegen nach Franken, Sachsen oder Thüringen
überfliegen unser kleines Städtchen, das aber glücklicherweise
keinen Alarm kennt.

Donnerstag, 15. März, Berlin-Neukölln
Frau P. K. an ihre Tochter in Mühlen am Neckar

Bei uns ist wieder alles kaputt, die Buschstr. hat wieder eine
Mine gekriegt, nun ist kein Haus mehr ganz. Ich bin nachts um
1/2 1 schlafen gegangen und um 5 Uhr wieder aufgestanden.
Lampe in der Küche und sämtliche Fenster hinten raus kaputt,
der Spind lag halb um, alles Geschirr raus, nun ist bald nichts
mehr drin, na dann ist eben Feierabend.

[...]

Ich komme eben vom Bunker und schreibe weiter und dann
muß ich noch reinemachen, den Kalk und Scherben beseitigen.
Dann packt man schon wieder für den Abend zum Ausrücken.

Daß unsere [Lauben-]Kolonie verbrannt ist, hatte ich Dir
wohl schon geschrieben. Für Friedel wäre es schon das Beste, sie
käme mal aus diesem Elend hier raus, nichts zu essen und 3 ×
Angriff täglich das ist mehr, wie ein Mensch ertragen kann.

Donnerstag, 15. März, St. Nazaire/Frankreich
Ernst P. an seine Frau

Mit der Esserei wird es von Tag zu Tag immer schlechter. Unsere
Brotration ist wieder gekürzt worden. Jetzt müssen wir mit unserm Brot 6 Tage auskommen, das sind täglich 250 Gramm, und

sonst halten wir uns nur noch von Steckrüben aufrecht. Es gibt
jeden Tag Steckrüben und nochmal Steckrüben. Es ist immer die
Steckrübensuppe ohne Fett. Ich muß dies leider schreiben, weil
wir leider hungern. Man hat nichts mehr in den Knochen und
denkt jeden Tag, wann dies verdammte Dasein mal ein Ende hat.
Wir denken alle, daß sehr bald Schluß ist, spätestens aber im
Juni. Wenn ich dies von uns schreibe, dann weiß ich auch genau,
wie es in Deutschland aussieht. Ich kann mir nicht denken, daß
es in den Städten dort besser aussieht. Und von Dörfern werden
sie auch das Letzte wegholen, weil zu viel Menschen ernährt werden müssen in den größeren Orten, andererseits sind schon rie-
sige Gebiete des Landes von Rußland und Amerika besetzt.
Dann schrieb ich Dir schon einmal, daß es auch bei uns keine
Rauchwaren mehr gibt. Auch dies ist für viele bitter, über das
Rauchen komme ich gut darüber weg, weil ich nur wenig ge-
raucht habe. Vor einiger Zeit konnte man nochmal ab und zu ein
kleines Stück Fleisch kaufen, aber alles ist vorbei. Ich habe mir
dann irgendwo auf verlassenen Feldern Blätter von Butterkohl

Berlin Wilhelmstraße nach einem Luftangriff

gesucht, dann hatte man doch wenigstens abends ein wenig Suppe, auch das ist jetzt vorbei. Was macht Heini? Wenn ich nur wüßte wie es ihm geht? Hoffentlich fallen bei Euch keine Bomben, wenn man die Berichte liest von der schweren Bombardierung Deutschlands, läuft es einem kalt über den Rücken und man kann nur hoffen, daß in dieser letzten Sekunde dieses verfluchten Krieges jeder das Leben behalten möge. Leider kann ich Dir nicht mehr über meine wahre Meinung schreiben, wie ich über alles denke, aus begreiflichen Gründen. Aber Du wirst mich sicher gut verstehen. Wenn ich über alles nachdenke, könnte man verrückt werden. So sitzt man hier und hungert und ist jahrelang getrennt. Jedes Tier hat es besser als wir, denn es hat wenigstens das Schönste, was es gibt auf der Welt – die Freiheit und den Frieden.

Donnerstag, 15. März, Norwegen
Tagebuch Johannes Resch

Der Geschwaderarzt inspiziert das Fjösanger-Lazarett. Bei der anschließenden Besprechung teilt er einen Befehl mit, den er von Oslo erhalten hat und der an alle Kommandos geht. Es sollen Standgerichte gebildet werden, die alle jene Straftaten aburteilen, durch die die Kampfkraft der Truppe gefährdet wird. Die Urteile sollen auf Todesstrafe lauten bei Desertion, Überlaufen und wenn ein Offizier mit seiner Truppe kapituliert. Die Kampfmoral scheint nachzulassen. Wie soll der Soldat noch kämpfen, wenn die Heimat bereits in feindlicher Hand ist?

Donnerstag, 15. März, Kroatien
Gerhard Z. an seine Freundin in Bitterfeld

Auch für uns wird es wieder einmal Sommer werden und die Sonne des Friedens wird über uns scheinen. So wie immer der Kampf in der Natur auftritt und jeder Schwächling im Kampfe um das Licht erliegt, so haben auch wir uns stark zu halten, damit wir nicht zu denen gehören, die zur Seite geschoben werden. Wenn wir uns das Geschehen der Kriegsjahre betrachten, so kommen wir zu dem Schluß, daß unsere Feinde nicht zu den stärksten zählen. Ganze Erdteile und Länder rennen nun schon 5 Jahre gegen ein Land an, und was haben sie an Erfolgen erzielt? Es ist wohl schmerzlich, daß heute zu einem großen Teil das Kriegsgeschehen sich auf unserem eigenen Boden abspielt, und daß so viele deutsche Menschen leiden und darben müssen. Ob dies aber von entscheidender Bedeutung sein wird, liegt allein an dem Volke selbst. Was nützen uns die besten Waffen, wenn die, die sie führen sollten, zu Schwächlingen würden.

Sonntag, 18. März, Roßwein/Sachsen
Lore N. an ihren Brieffreund Fritz E. in Schlesien

Lieber Fritz, Du schreibst mir, daß Du nun schon so viel Elend wieder gesehen hast, ja, das verstehe ich, daß Du da schon oft mit dem Kopf geschüttelt hast und Du Dir die Frage gestellt hast, wie so etwas überhaupt möglich sein kann. Ich sage mir immer wieder, vielleicht wäre alles nicht so gekommen, wenn einige unter den Herren des Heeres uns nicht so schändlich verraten hätten, aber genug davon, es ist doch nicht mehr zu ändern, wir wollen auch nicht zweifeln, den Mut verlieren, Du schreibst ja selber, einmal wird die Sonne wieder scheinen, einmal wird alles wieder gut. Darum wollen wir auch unsere Pflicht weiterhin tun, denn wir müssen es sogar, unsere vielen vielen namenlosen Helden sollen nicht umsonst gefallen sein, die vielen ungezählten Kriegsversehrten umsonst gekämpft und gelitten haben. Jetzt im Moment sieht alles sehr böse aus, aber ich zweifle nicht, daß der Führer doch zum Rechten den Krieg zu Ende führt. Ich kann mir zwar kein rechtes Bild machen wie, aber eins weiß ich, als Sklave für ein fremdes Volk möchte ich nicht arbeiten, wir hätten ja dann gar keine rechte Freude mehr am Leben. Du, so darf es einfach nicht kommen, wir würden alle in die verschiedensten Gegenden verweht, wer weiß, Fritz, ob einer den anderen dann

wiedersieht, ich habe den heimlichen Wunsch Dich kennenzu-
lernen, darum auch darf es nicht sein. [...] Du schreibst mir
»Heim nur als Sieger!« Du, das hoffe ich auch, es darf auch nicht
anders sein, aber wenn es doch anders wäre, Du, würdest Du
dann nicht mehr gern heimkehren? Warum Fritz?

Montag, 19. März, Berlin
Gottfried Benn an F. W. Oelze in Nienburg

Lieber Herr Oelze, vielen Dank für Ihren Brief vom 10 III, am
18 III eingegangen. Als ich ihn in der Hand hielt, begann der neue
große Angriff und ich nahm ihn mit in die Katakomben der Kirche zum Heilsbronnen, in die wir d. h. meine Frau und ich gelegentlich flüchten. Der Pfarrer, oben Stahlhelm, unten Khakibein-
kleider und in der Mitte einen eleganten Winterulster macht die
Honneurs. Er steht vor dem Radioapparat leicht geneigt, als ob er
vor der Predigt noch ein kurzes Gebet verrichtet und verkündet
den Weg der Bomberströme. Oft fällt der Name Nienburg als
rückwärtige Begrenzung und ich sage: »ein Gruß von Oelze, also
wohlan, willkommen Festungen* und Marauders!*« Viele Leichen gestern wieder, offenbar gibt es keine Bahren und Tragen
mehr, die Toten werden an den Beinen in die nahe gelegenen
Wohnungen geschleift. Aus Dresden sagte einer beiläufig: »sie
liegen immer noch da, man faßt sie mit Messer und Gabel an, da
sie so weich sind«. Also, – davon abgesehn, es ist eindrucksvoll,
wie dies gewiß enge religiöse Milieu selbst des Protestantismus
etwas von Haltung und Feinheit an sich hat, was mein altes Pfarr-
hausherz sympathisch berührt. Während die Bomben fallen, un-
terhalte ich mich mit dem Pfarrer über das religiöse Leben in seiner Gemeinde –: Dort also las ich Ihren Brief. –

   Daß von den $2^1/_2$ Millionen Menschen, die schätzungsweise
noch in Berlin leben, irgendjemand arbeitet, halte ich für ausge-

---

* Bombertyp der Alliierten.

schlossen. Entweder sind Lichtsperrstunden oder es ist Alarm oder Voralarm, Telefon geht kaum noch irgendwo, die Verkehrsmittel sind unzuverlässig, kaum im Betrieb. Tags Staubstürme von den Trümmerhaufen, nachts fallen die Fensterscheiben heraus, die Ruinen heulen und stürzen ein, Zeitzünder gehn hoch in großen Massen und die Wände zittern. Auch die noch stehenden Häuser haben soviel Erschütterungen erlebt, daß sie jeden Moment umfallen können. Eine verlorene Stadt. Möglicherweise gehn wir nach *Neuhaus* a. d. Elbe, einem Dorf, wo jemand ein paar leerstehende Katen entdeckt hat. Dann würde ich mir erlauben, Ihnen dies mitzuteilen. Sollte ich hingelangen, würde ich dort noch einen Schluß zu dem Essayband schreiben: »Willkommen den literarischen Emigranten«, Bezug nehmend auf jenen

Bunker in Berlin
während eines
Luftangriffs

»Offenen Brief an die l. E.« 1933. Ich würde sagen, daß ich meine damaligen Positionen im wesentlichen aufrecht erhalte und daß ich auch rückblickend das Bleiben in Deutschland für das Richtigere halte. »Der Untergang eines Volkes, selbst wenn es sich um das ... handelt, ist eine ernste Sache, die sich nicht mit literarischen Arabesken von Miami aus, auch nicht mit einem an sich vielleicht gerechtfertigten Haß abtun läßt, hier handelt es sich um Kern- und Substanzfragen – tua res agitur!« Im übrigen wird natürlich nochmals die ganze Radikalität meiner antagonistischen Einstellung gegen ... klargestellt. ... Ich denke, daß es in Ihrem Sinne ist, wenn ich unser Hierbleiben noch einmal rechtfertige und begründe. Wer über Deutschland reden und richten will, muß hier geblieben sein. Dies eine banale Skizzierung der Planung für Neuhaus.

Mögen die Wagen mit Ihren Sachen aus Steinhagen gut ankommen. Es kommt erstaunlich viel noch an.

Tausend Grüße in die Stadt der »rückwärtigen Begrenzung«! Ihr Benn.

Verheißung wohl nur für die Landschaft westlich der Elbe, da allerdings wohl nahe Verheißung.

Montag, 19. März, Schlesien
Fritz E. an seine Brieffreundin Lore N. in Roßwein/Sachsen

Liebe Lore!

Nachdem wir nun wieder eine etwas ruhigere Stellung haben, will ich von mir hören lassen.

Vor 4 Tagen ging es sehr heiß und hart zu. Dem Iwan haben wir ein wichtiges Höhengelände entrissen. Vorher durften wir die Greueltaten der Bolschewisten in der wieder befreiten Stadt Striegau sehen. »Grauenhaft!« wenn man es nicht selbst gesehen hätte, so könnte und würde man es nicht glauben. Man muß schon ziemlich kühl sein, um beim Anblick nicht zu erschauern. Hingemordete, vergewaltigte, geschändete, verstümmelte Menschen. Ganz gleich ob Frau, Mann, Kind und in was für einem Alter. Diese Toten schreien zum Himmel und [das] können nur Menschen in Tiergestalt fertig bringen. All dies verlangt nach unbändigem Haß und nach Rache. Wir haben es den Bluthunden bei unserem Angriff schon verspüren lassen, was es heißt, sich an wehrlosen Menschen zu vergreifen und sie zu morden. Was die Stadt betrifft, diese ist restlos niedergebrannt und wo noch ein Haus verschont blieb, war alles kurz und klein geschlagen. Diese Hunde wollen uns Kultur, den Weltfrieden und somit eine bessere Zukunft bringen. Für die darf es nichts anderes geben als Vernichtung und Ausrottung, denn es sind Bestien! Ich könnte Dir Einzelheiten davon berichten, doch läßt es sich schwer darüber schreiben, darum Schluß von diesen Greueltaten.

Noch zutiefst beeindruckt, sodaß ich kaum einen Übergang finde. Du kannst Dir vielleicht garnicht vorstellen, was es für ein Gefühl ist, wenn man am Abend oder Morgen im Erdloch hockt, eine kleine Kampfpause ist und die Natur unbekümmert den nahenden Frühling kündet. Amseln locken und viele kleine Sänger lassen in dem hinter uns liegenden, zerfetzten Wald ihre Stim-

Aufschrift auf einem Feldpostbriefumschlag vom 19. März

men erklingen, Weidenkätzchen, Haselnußblüten, ja ganz un-
scheinbare junge Grasspitzen, welche durch das tote, dürre Gras
sprießen, können einen erfreuen. All dies bewundert man heute
mehr denn je und läßt uns kund werden, es geht wieder aufwärts. Dies soll auch unsere große Hoffnung in diesem unerbittlichen Ringen sein.

Mit vielen herzlichen Grüßen und in der Hoffnung bald von
Dir Post zu erhalten, verbleibe ich

Dein Fritz.

[Auf dem Umschlag:] Heim nur als Sieger!

Montag, 19. März, Hildesheim
Erich K. an seine Frau in Hamburg

[...] nun ist wieder mal ein Tag herum und ich bin ziemlich von
den Füßen. Wir wurden zu Aufräumungsarbeiten befohlen, die
ganze Kompanie, nach dem vollständig zertrümmerten Güter-
bahnhof. Das alles ist an dem Donnerstag voriger Woche gesche-

Hitler verteilt am 19. März im Hof der Berliner Reichskanzlei an Hitlerjungen
Auszeichnungen für ihren Kampfeinsatz

hen, als Hildesheim im Wehrmachtbericht genannt wurde. Vormittags brachten wir das Fahrgeleis nach Hannover wieder in Ordnung. Dazu mußten wir 30 m lange Schienen teils tragen, teils
über die Schwellen schleifen. Das ist mir doch mächtig in die Knochen gezogen. Ich schlich nur so am Mittag in die Kaserne zurück.
Hungrig war ich auch, denn ich hatte morgens nichts gegessen,
weil Frühalarm war und ich auf dem Turm gewesen war. Als wir die
Schienen an Ort und [Stelle] hatten, habe ich sie an den Schwellen
festgeschraubt mit so einem großen Schlüssel, der die Form eines
Zimmermannsbohrers hat. Diese Arbeit war etwas weniger anstrengend. Viel Volks arbeitete auf dem Bahnhof: Inder, Russen,
Ungarn, Eisenbahner, Juden. Dazwischen kam Alarm, aber ohne
Angriff. Wir verbrachten ihn in einem Park. Als wir nach Hause kamen, ging wieder die Sirene und ich setzte mich auf den Beobach-
tungsturm in die Sonne. Das war sehr wohlig.

[...]

Du hast wirklich recht, es wird mir schwer, wieder Soldat zu
sein. Ich tröste mich aber damit, daß hier fast ausschließlich

Angehörige des Volkssturms bei der Essensausgabe

noch ältere Leute sind als ich. Es sind hier Leute von über 60 Jahren. Mitte 50 sind fast alle. Natürlich gibt es auch jüngere, Otto D. muß eigentlich damit rechnen, daß er auch noch eingezogen wird. Im Augenblick ist die Lage so, daß er dann entweder ausbilden muß, nachdem er selbst ausgebildet ist, oder in den Nachschub kommt. Man sieht hier furchtbare Figuren unter den älteren Männern.

Morgen sollen wir zum Schießen, das ist nicht anstrengend, aber der Weg dahin ist 1 Stunde weit.

[...]

Am schlimmsten für mich sind das primitive Essen und Schlafen, und daß ich nicht allein sein kann. Diese Futterei aus einem Napf mit Löffel in einem großen Saal, mit Kompott oder Grießbrei als Nachtisch aus einem Trinkbecher, macht mich schwach. Ich schlafe ohne Bettwäsche wie in einem Feldlager.

Dienstag, 20. März, Fallingbostel
Lothar G. an seine Frau in Berlin

Liebe kleine Frau!

Immer noch Fallingbostel, also die Möglichkeit Post zu erhalten. Meine Nerven sind zum Zerreißen gespannt. Herrgott, wann hat diese Sch ... einmal ein Ende? Um Dir nicht das Herz noch schwerer zu machen, als es ohnehin schon sein wird, will ich Dich mit der Schilderung unseres Dahinvegetierens verschonen. Wenn man uns im Einsatz nicht brauchen kann, weil es uns anscheinend an allen Fronten zu gut geht, dann soll man uns doch, verdammt, auf Urlaub schicken oder ganz entlassen. Die augenblicklichen Zustände in diesen Massensammellagern müssen auf die Dauer zu dem Geist von 1918 führen. Mit der Wehrkraft von Hunderttausenden von Männern wird offensichtlich eine solche Sabotage getrieben, daß man am Siege geradezu verzweifeln muß, so sehr sich auch der Geist vor einer Niederlage entsetzen mag.

Wenn ich Dich und den Jungen wenigstens positiv in Detmold

in relativer Sicherheit wüßte! Aber täglich den Überflügen nach
Berlin mit geballten Fäusten untätig zusehen müssen und Euch
Lieben in einem Keller wähnen zu müssen, ist auf die Dauer so
unerträglich, daß es einmal zu einer Handlung führen kann, die
mich mit den Gesetzen in Konflikt bringen muß. Möge mich
eine nur noch kurze Dauer des Krieges davor bewahren!

Gott schütze Euch, da Euer Lotharlein es nicht kann.

Dienstag, 20. März, Köln
Tagebuch Robert Grosche

Gestern abend tauchte plötzlich Oberbürgermeister Adenauer
auf, der von den Amerikanern nach hier geholt worden ist; wir
sprechen über die mögliche Einrichtung einer stadtkölnischen
Verwaltung.

Heute morgen Messe am Josefsaltar. Ich bitte um Erleuchtung
und Führung in den wichtigen Entscheidungen, die nun zu fäl-
len sind. Vorgestern Besprechung mit dem hier wohnenden
evangelischen Pfarrer. Dann Besuch von Kleff und einem jungen
Mann, der Grüße aus Eichholz bringt. Nun muß auch das Ma-
rienhospital – wie ich höre – räumen. Mater Angela bittet, im
Elisabeth-Krankenhaus Unterkunft zu bekommen. Der Herr
Direktor, dem ich die Entscheidung überlasse, nimmt sie auf.

Abends sitzen wir bei Müller mit Adenauer zusammen.

Dienstag, 20. März, Frankfurt am Main
Tagebuch Lili Hahn

So sitzen wir hier und warten auf die Amerikaner, und ich habe
zum ersten Mal wieder Zeit, mir Gedanken über die Weltgeschichte zu machen, die so oft von machthungrigen Narren ge-
staltet wird. Wenn es nicht Menschenleben kostete und daher
tragisch ist, wäre es komisch. – Es war längst fünf Minuten nach
zwölf, aber die Nazis wollen immer noch nicht kapitulieren und

zugeben, daß sie geschlagen sind. Vom Osten stoßen die Russen vor, vom Westen die Amerikaner. Große Gebiete Deutschlands sind bereits besetzt und da wurden noch vor neun Tagen zum Heldengedenktag Reden gehalten, wonach man das Andenken der Toten dadurch ehrt, daß man die Feinde mit dem letzten Aufgebot der Kraft zurückweise, bis der Sieg errungen sei!

Donnerstag, 22. März, Nagold

Tagebuch Elisabeth Dünkelsbühler-Schaible

G. bei Fliegeralarm will erlebt sein: Vom Augenblick an, wo er durch dreimaliges Läuten an der Wohnungsklingel uns die Flieger meldet, seinen Mantel anzieht, den wilhelminischen Lederhelm mit Spitze, die Pickelhaube, wertvollstes Stück seiner Kuriositätensammlung, aufstülpt, sich noch zu Tisch setzt, um das Essen hinunterzuwürgen, ehe er meine Handtasche mit Papieren und Scheckheft aufnimmt, um, unten im Keller angekommen, seinen Platz auf unserer Kartoffelkiste einzunehmen, bei Detonationen leicht vornübergeneigt mit halboffenem Mund (Zeitungs-Empfehlung wegen des Druckausgleichs bei Luftminen-Abwurf), seinen Rosenkranz gewiss in der Tasche, so gerüstet, um der Gefahr aus der Luft mit allen Waffen der Vernunft und des Glaubens zu begegnen. – Ein zermürbter Zwölfjähriger, von seiner Mutter ständig zur Vorsicht angehalten im sechsten Jahr der Fliegeralarme. [...]

Nachmittags bei Frau U. mit Fräulein Je. zusammen. Versuchten uns vorzustellen, in welcher Form der Fall Nagolds sich abspielen könnte und wie »sie kommen« würden, ob bei Tag oder bei Nacht, ob Franzosen (mit Negern) oder Amerikaner. Frau U.: »Auf alle Fälle werde ich ihnen nur in Hosen entgegentreten« Fräulein Je. brach in ihr ansteckendes Gelächter aus: »Rechnen Sie mit einer sofortigen Vergewaltigung?« Frau U., geniert und ihrer 56 Jahre gedenkend: »... oder vielleicht ... bin ich schon ... über das Alter hinaus!«

Gerüchte

Die Reichsregierung habe bei den Sowjets um einen Waffenstillstand gebeten, die Sowjets hätten abgelehnt. Ebenso sei das Angebot eines Waffenstillstandes von den Anglo-Amerikanern auch abgelehnt worden.

Neubildung einer nationalen Regierung unter Reichsmarschall Göring und Reichsaußenminister v. Ribbentrop.

Stimmungsberichte der Wehrmachtpropaganda aus Berlin, 23. bis 29. März 1945

Freitag, 23. März, Raum Trier
Hans Th. an seine Mutter in Hamburg

Bei den Absetzbewegungen habe ich wirklich ein ausgesprochenes Glück gehabt, denn innerhalb von zwölf Stunden hätte es nicht viel gefehlt, und ich wäre bald zweimal zur Hölle gefahren. Wir setzten uns vom Ami ab und marschierten im Hunsrückgelände Richtung Rhein, da mußten wir durch eine Ortschaft, die unter sehr starkem Arri[Artillerie]beschuß lag. Eine Umgehung war unmöglich, deshalb blieb uns nichts anderes übrig, als hindurch. Unsere bespannten Fahrzeuge und der marschierende Teil kamen heil durch, ohne Ausfälle. Ich bekam dann den Auftrag, noch einmal durch die Ortschaft zu gehen und mit einem Kameraden noch ein Fahrzeug abzuwarten und durchzulotsen, das zurückgeblieben war, um Verpflegung zu laden. Ich erwartete mit meinem Kameraden am Ortseingang das Fahrzeug und wir scherzten und lachten viel. Rolf, so hieß der Kamerad, war mein bester Freund, denn er stammte auch aus Hamburg. Als endlich das Fahrzeug ankam, es war mittlerweile halb drei Uhr nachts geworden, beeilten wir uns mit dem Durchkommen, denn wir mußten immerhin die Nacht noch fünfunddreißig km marschieren, bis zu unserem Bestimmungsort. Am Tage kann man nämlich nicht mit einem Fahrzeug auf der Straße fahren, weil uns sonst die Jabo [Jagdbomber] zusammenschießen, also war Eile geboten. Als wir etwa einen halben km in der Ortschaft drin waren, ereilte uns das Schicksal und wir bekamen einen Arrivolltreffer, der den Wagen zertrümmerte, die beiden Pferde tot, zwei Kameraden tot, einer verwundet, und ich bin, wie [durch] ein Wunder, ohne Beschädigung davongekommen, trotzdem ich direkt dazwischen lag, drei Meter von den Toten und Verletzten. Nur konnte ich zwei Stunden nichts hören. Die Kompanie schickte mir am anderen Vormittag einen LKW, der die gerettete Verpflegung holen sollte. Als wir abfahren wollten, nahmen wir noch einen schwer verwundeten Kameraden vom Heer mit, der schnell zu einem Hvp [Hauptverbandsplatz] in Behandlung mußte. Unser LKW war vorschriftsmäßig mit dem roten Kreuz gekennzeichnet, trotzdem griffen uns drei Jabos im Tiefflug an und schossen uns zusammen. Zwei Kameraden wiederum schwer verwundet und ich bekam wieder, wie durch ein Wunder, nichts ab. Daraus kannst Du ersehen, daß mein Schutzengel mich gut betreut und aufpaßt, daß mir nichts passiert.

Angehörige der kämpfenden Hitlerjugend bei der Gefangennahme durch US-Soldaten

Samstag, 24. März, Köln
Tagebuch Robert Grosche

Heute morgen kam eine Frau, deren Mann wegen seiner Zu-
gehörigkeit zur Partei, bei der er in einer Gliederung ein höheres
Amt bekleidet hat, verhaftet worden ist. Da der Mann zu meiner
Pfarre gehört hat und ich ihn gut kenne, habe ich mich sofort
durch ein Zeugnis für ihn eingesetzt. Hier wird überhaupt eine
unserer Aufgaben liegen müssen; wir werden uns für solche
Leute wirklich einsetzen müssen.

Samstag, 24. März, Raum Trier
Ernst St. an seine Frau in Tuttlingen

In der Anlage sende ich Dir meine Gedanken zum Wiederaufbau, wie ich ihn mir so ungefähr vorstelle. Ich rechne damit, daß
noch nicht alles restlos geklaut ist, und die Hauptsache wird
sein, schnell zu liefern und zu fabrizieren. Ich habe dabei noch
andere Gedanken, über welche ich mir noch nicht ganz klar bin.
Wir werden manches anders und besser machen können, nur die
Arbeit muß anders eingeteilt werden, damit alles schneller in
Fluß kommt. Du mach Dir man aber vorläufig keine Gedanken
darüber, es wird noch sehr viel Zeit bis dahin vergehen.
  [. . .]

Aufbau-Anweisung!
  1. sichern und eventuell käuflich erwerben, soweit noch nicht
     gekauft: Plantage, Zähringerstr. mit Durchbruch zur Paral-
     lelstraße (Buchwald) Terrain Adelmannstraße, Kalischer-
     str.
  2. Lager- und Transportfässer sofort in Ordnung bringen, Bal-
     lons und Kappen soweit vorhanden zum Gebrauch fertig
     machen.
  3. Alle Apparate, vor allem Pumpen und Abfüller in Ordnung
     bringen.

4. Soweit vorhanden, alte Belegschaft sichern und einstellen.

5. Pressen vor allem in Schuß bringen.

6. Wagen und Pferde beschaffen respektive Lastwagen, Sprit!

7. Bürobetrieb normal aufziehen, Abteilungsleiter gesondert arbeiten lassen sofort!!!

8. Banken-Kredite!! – alte Kredite eventuell festlegen und Abzahlungsvorschläge von den Banken machen lassen.

9. Verlorene Werte anmelden und beim Staat Ersatz respektive Anrechnung auf Bankschulden beantragen, desgleichen Geschäftsausfall bis zur Aufnahme.

10. Alte Verbindungen aufnehmen: Glasfabriken, Weinfirmen. Obstwein, Sirup, Heißgetränke – herstellen und den Markt voll beliefern.

11. Eventuell neue Ländereien für Plantagen zuweisen lassen und bebauen.

Sonntag, 25. März – Samstag, 31. März, Würzburg
Aufzeichnungen Fritz Bauer

Während der ganzen Woche hoffen wir, in unserer Stadtecke Ostern schon als »Amerikaner« feiern zu können. Das Schießen der Ari[Artillerie] hinter der Festung kommt täglich näher. Die Front kommt auf uns zu. Die deutschen Truppen werden unaufhaltsam zurückgedrängt. Unser Herz gehört ihnen, die sinnlos geopfert werden. Es gehört ihnen, die leiden und sterben müssen, nicht ihren Uniformen. Warum werfen sie ihre Waffen nicht weg, damit das Töten und Sterben ein Ende habe? Sie tragen ihre Waffen nicht aus Liebe, sondern aus Gehorsam. Von wem haben wir Deutschen gelernt, gehorsam zu sein bis in den Tod? Unseren Soldaten gehört unsere Liebe; sie gehören zu uns. Auf die Amerikaner richtet sich unsere Hoffnung. Zwei widersprüchliche Haltungen in unseren Herzen.

Sonntag, 25. März, Köln
Tagebuch Robert Grosche

Um 10 Uhr holen wir uns den vorläufigen Paß. Mittags kommt ein Herr Best vom Psychological Warfare, um sich Informationen über die Gedanken und Pläne der deutschen Katholiken zu holen. Ich erkläre ihm, die Katholiken erhofften vor allem grundsätzlich die Freiheit des kirchlichen Wirkens. Das schließe alles andere ein. Über alles einzelne könne man nicht gut sprechen, da der politische Rahmen, die Gestalt des Reiches, noch nicht zu erkennen sei. Jedenfalls müsse vor allem die Jugend religiöser Einwirkung offenstehen, der religiöse Unterricht in den Schulen erteilt werden. Strittig sei die Frage nach einer katholischen Partei. Die Jugend lehne sie wohl durchweg ab. Die Haltung der älteren Generation sei auch nicht eindeutig. Jedenfalls sei ein starker Wille zum Aufbau vorhanden.

Der britische Premierminister Churchill und Feldmarschall Montgomery am 25. März am Ostufer des Rheins

Montag, 26. März, New York
Tagebuch Alfred Kantorowicz

Man darf Bilanz ziehen. Militärisch ist der vermessene Welt-
eroberungsversuch des Nazismus gebrochen. Ideologisch, als
Weltgefühl des »gemeinen Mannes«, hat er überlebt. Die Konflik-
te sind ungelöst. Die Reaktion ist abermals der Revolution zuvorgekommen. Der Reinigungsvorgang der Selbstbefreiung ist ent-
mutigt, wo nicht unterdrückt worden. Der moralische Wirrwarr
wird auf längere Sicht noch trübseligere Folgen haben als die materielle Verwüstung. Eine Generation von selbstischen Zynikern
wird sich behaupten, die erfahren hat, daß Unrecht gedeiht, Cha-
rakterlosigkeit der Karriere hilft, Scheinheiligkeit geachtet und
Schwachsinn promoviert – aber die Sehnsucht nach Freiheit be-
argwöhnt, Charaktertreue mißhandelt, Intelligenz gepaart mit
Redlichkeit vor neue Inquisitionstribunale gezerrt wird.

US-Soldat erteilt Anweisungen an die Bewohner eines linksrheinischen Dorfes

Dienstag, 27. März, Schlesien
Fritz E. an seine Brieffreundin Lore N. in Roßwein/Sachsen

Ja Lore, es gibt Momente, wo man glauben könnte, es wäre Frieden, doch plötzlich wird man aus diesen Gedanken herausgerissen. Wohl mehr denn je macht sich heute jeder Sorgen wie das große Ringen um Sein oder Nichtsein einmal enden wird. Vertrauen wir auf unseren Führer und auf uns selbst. All die Opfer, die ihr Höchstes gaben, dürfen nicht umsonst gewesen sein. Wenn auch unsere Feinde weit in unsere Heimat eingedrungen sind, so soll uns dies nicht zweifeln und schwach werden lassen, sondern härter und härter und uns auf noch Schlimmeres gefaßt machen.

Mittwoch, 28. März, Marburg
Tagebuch Lisa de Boor

Um fünf Uhr gehe ich mit Wolf in die Stadt und lese die Maueranschläge. Das Wichtigste: Die NSDAP ist mit allen ihren Gliederungen aufgelöst. Schulen und Universitäten sind geschlossen, aber die Gottesdienste sind erlaubt. So will ich gleich anfangen, einen Raum zum Wiederbeginn der Arbeit der Christengemeinschaft herzurichten. Auf dem Rückweg nachhause treffe ich einen Russen, einen Schuhmacher, mit dem ich oft freundliche Blicke wechselte, wenn ich in die Werkstatt kam, wo er arbeitete, aber ich durfte ihn nicht ansprechen, der Meister war von der Polizei darauf hingewiesen worden. Er kommt nun auf mich zu, sein breites slawisches Gesicht strahlt, er faßt mit beiden Händen meine Hand, schüttelt sie immer wieder: »Nun nicht mehr verboten zu sprechen deutsche Frau und russischer Mann!« Und er verabschiedet sich endlich mit einem: »Do swidanja«, »Auf Wiedersehen«. Was gäbe ich darum, könnte ich die russischen Mädchen noch einmal sehen, die sich im Winter bei uns wärmten, Pellkartoffeln und Salz aßen und mich Pani Mama, Frau Mutter, nannten.

In der Dämmerung dieses für uns wichtigsten Tages der Geschichte der letzten Jahre trete ich auf den Balkon: groß und rot steht der Frühlingsmond im Osten über dem dunklen Wald. Langsam ist eine Wolke gewichen, die ihn zuerst verdeckte. Dies ist der Frühlingsvollmond, auf den der Ostersonntag mit der Auferstehung folgt. Wir wissen, daß die kommende Zeit Schweres und Schwerstes bringen wird. – Dennoch ist meine Seele an diesem Abend voll Dank für die Himmlischen und es jubelt in mir:

Sursum corda! Aufwärts die Herzen!

Mittwoch, 28. März, Westfront
Paul Sch. an seine Familie in München

Die militärische Lage ist sehr ernst, Amerikaner in Aschaffenburg eingedrungen, in Franken, im sogenannten Nordbayern. Ihr werdet sehr viel Luftalarm und auch Luftangriffe haben, Gott möge Euch schützen. Unser schönes Deutschland, wie wird es zerstört, der Feind so weit im Lande, furchtbar. Hoffentlich bringen wir den Feind im Westen zum Stehen, nicht daß Ihr auch noch wandern müßt. Ich glaube es kaum, sollte es aber doch der Fall sein, so nehmt nur das Nötigste mit, Wäsche, Decken, Geld, Schmuck, Lebensmittel und Eßbestecke. Alles andere muß halt liegen bleiben, Hauptsache, Ihr lebt. Tut Euch nur nicht abschleppen.

[. . .]

Ich glaube noch fest an unseren Sieg, wenn es eine Gerechtigkeit gibt, müssen wir siegen, das Recht ist auf unserer Seite.

Mittwoch, 28. März, Kirchhorst bei Hannover
Tagebuch Ernst Jünger

Englisch-amerikanische Truppen stehen in Limburg, Gießen, Aschaffenburg und den Frankfurter Vorstädten.

Vormittags Überfliegungen, während deren ich teils im Garten, teils am Schreibtisch arbeitete, mit dem Gedanken, daß jeder dieser rollenden Wirbel, die sich an das Pfeifen der Bomben schließen, Dutzende und vielleicht Hunderte von Menschen abberuft, und zwar in einer reinen Schreckenslandschaft ohne Höhen, von denen aus die absolutio in articulo mortis gegeben werden kann.

Auch muß man sich vergegenwärtigen, daß diese Gemetzel in der Welt Befriedigung hervorrufen. Die Lage des Deutschen ist jetzt ganz so, wie die der Juden innerhalb Deutschlands war. Dennoch ists besser, als ihn in ungerechter Macht zu sehen; an seinem Elend kann man sich beteiligen.

Mittwoch, 28. März, Westfront
Helmut N. an seine Frau

Nur, daß ich Dir Lebewohl sage. Oh, meine Frau, ich liebe Dich sehr. Aber nun muß ich Dich allein lassen. Ich sollte Dich um Verzeihung bitten. Es ist aber doch wohl so, daß jeder Mensch ganz zuletzt seinen eigenen Weg hat und die Verantwortung für sein Leben. Ich habe es Dir oft gesagt: Man braucht nur aufzuhören, am Leben bleiben zu wollen. Es ist, weil ich nicht weiß, wie wir nachdem noch leben sollen.

Sie haben Flugblätter* abgeworfen, mit Fotos. Wie ist es möglich, daß all das geschehen konnte? Aber es paßt mit vielem zusammen und ergibt ein vollständiges Bild. Ich kann es Dir nicht begründen, warum ich es glaube. Ich kann es mit Zweifeln nicht wegwischen.

Was haben wir getan? Hüte Dich und die Kinder.

Helmut

---

* Die von alliierten Flugzeugen abgeworfenen Flugblätter beschrieben die Verbrechen im Vernichtungslager Auschwitz.

Donnerstag, 29. März, Frankfurt am Main
Tagebuch Lili Hahn

Die Nazis sind fort und haben meine Jugend mitgenommen, haben zwölf Jahre meines Lebens gestohlen, meine Gesundheit ruiniert und einen sehr anderen Menschen aus mir gemacht als den, der ich wohl ursprünglich werden sollte. Ich persönlich habe den Krieg gewonnen, aber den Frieden verloren, denn ich kann mir keine Zukunft mehr vorstellen, weiß nicht, worauf ich mich freuen soll. Ich habe kein Ziel und bin ausgebrannt.

[...]

Wir fuhren durch einen wiederum warmen, sonnigen Tag, doch die Landstraße war wie ausgestorben. Aus allen Häusern, die wir passierten, hingen weiße Tücher, Tischtücher, Bettücher, Handtücher in allen Größen. Als wir durch die Vororte Frankfurts kamen, hatten wir plötzlich das Gefühl, uns im Zentrum einer marschierenden Armee zu befinden. Die lange Eschenheimerlandstraße war nur von Amerikanern bevölkert. Sie standen in Trupps zusammen, fuhren auf großen Trucks und kleinen Jeeps; Panzer rumpelten über das Kopfsteinpflaster und über uns dröhnten die schweren Flugzeuge. Die Zivilbevölkerung schien wie vom Erdboden verschwunden zu sein, nur die aus den Häusern und fensterlosen Ruinen wehenden weißen Tücher gaben Zeugnis, daß dort Menschen lebten.

Donnerstag, 29. März, Pacific Palisades, Kalifornien/USA
Thomas Mann an Agnes E. Meyer

Sie machen sich keine Vorstellung von der Verrücktheit des deutschen Emigranten-Patriotismus, von der Wut, die man erregt, wenn man sich zu der Wahrheit bekennt, daß der »National-Sozialismus« *nicht* etwas den Deutschen von außen Aufgezwungenes ist, sondern jahrhundertlange Wurzeln in der deutschen Lebensgeschichte hat, ohne natürlich immer so geheißen zu haben und ohne natürlich deshalb unsterblich sein zu müssen. Nein, das deutsche Volk, der deutsche Charakter, die deutsche Psychologie soll überhaupt nichts mit dem Nazismus zu schaffen haben, – wer es anders weiß, ist ein Verräter und ein Treuloser, alles fällt mit Wutgeschrei über ihn her, denn er gefährdet das Erstehen einer starken, zentralistischen Reichsdemokratie, die binnen Kurzem Europa wieder in der Tasche haben soll. Ich habe viel auszustehen von Dummköpfen, die sich für deutscher halten, als mich.

Gerüchte

Der Leiter der Interradio, Generaldirektor Meier, sei durch ein persönliches Handschreiben des Führers beauftragt worden, die in Deutschland lebenden Kirchenfürsten aufzusuchen, um diese zu bewegen, Schritte gegen die von den Westmächten ausgeübte brutale Kriegsführung (vornehmlich Bombenkrieg) zu unternehmen. Gleichzeitig sollen über die Kirche Friedensfühler

US-Truppen nach der Überquerung des Rheins

ausgestreckt und Annäherungsversuche unternommen werden.

Der Führer habe einen letzten Versuch unternommen, Friedensverhandlungen einzuleiten. Sollte dieser Versuch fehlschlagen, werde der Führer jede Rücksichtnahme fallen lassen, um den Krieg so oder so zu beenden.

Der Amerikaner habe jetzt einen neuen Flugzeugtyp, der ganz geräuschlos fliege und durch Horchgeräte nicht erfaßt werden könne. Schon im Westen seien diese Typen vor einiger Zeit eingesetzt worden. Ein rechtzeitiger Alarm sei bei diesen Flugzeugen nicht möglich.

Stimmungsberichte der Wehrmachtpropaganda aus Berlin, 30. März bis 7. April 1945

14jährige Luftwaffenhelfer nach ihrer Festnahme durch die Amerikaner am 28. März im Raum Marburg

Samstag, 31. März, Erfurt
Tagebuch Erich W.

Nürnberg – Bamberg – Coburg – Eisenach gestern. Die Nacht nach Erfurt, wo wir jetzt noch stehen, 8.30. Unser Wagen ist abgehängt. Es ist unsicher, ob und wie wir weiterfahren. Es sind keine klaren Nachrichten über den Verlauf der Front zu bekommen. Mehrere Keile sind in unser Gebiet getrieben worden. Nord- und Süddeutschland sollen offensichtlich voneinander getrennt werden. Frage, wo sich die Führung dann hinzieht? Auf allen Bahnhöfen lungern die Leute herum. Wir wundern uns und fragen uns, wohin die bloß noch wollen. Ein Wagen voll RAD*-Maiden war bis Nürnberg immer mit uns gefahren, zuletzt fuhren Ursula und Marianne sogar in unserem Wagen mit. Die andern Maiden haben sich wohl in Nürnberg neu verpflichtet. Diese beiden hatten keine Heimat, keine Verpflegung mehr, verpflichteten sich auch nicht, sondern irren nun wie viele andere, die Heimat, Eltern, Haus verloren haben, in Zügen, auf Bahnhöfen umher und wissen selber nicht, wohin sie sich begeben sollen. Sie sind merkwürdig matschig, traurig, gleichgültig, willenlos und unentschieden.

---

* Reichsarbeitsdienst.

April

1945

Torgau an der Elbe, 25. April: sowjetische Soldaten posieren mit amerikanischer Fahne

Chronik

Der Zusammenbruch der deutschen Fronten im Westen, Osten und Süden vollzieht sich in rascher Folge. Die alliierte Luftoffensive hält mit großer Intensität weiter an. Völlige Erosion der wirtschaftlichen und sozialen Verhältnisse im Reich.

Britische Verbände erreichen Dülmen und Münster. Amerikanische Panzer stoßen bis kurz vor Kassel und im Süden bis an die Tauber vor. Sowjetische Truppen dringen bei ihrem Vorstoß auf Wien bis in den Raum südlich der Wiener Neustadt vor. **1. 4.**

Tagesangriffe der US-Luftwaffe gegen St. Pölten, Graz und Krems. Goebbels und Bormann rufen zum Heckenschützenkrieg (»Aktion Werwolf«) auf: nur geringe Resonanz. **2. 4.**

Schneller Vormarsch der alliierten Verbände in Norddeutschland (Rheine, Osnabrück). Amerikanische Einheiten erreichen Thüringen (Gotha). Die seit dem 12. Febr. eingeschlossene »Festung« Glogau kapituliert. **3. 4.**

Schwere Tagesluftangriffe gegen Hamburg und Kiel. Französische Truppen besetzen Karlsruhe. Die letzten deutschen Truppen verlassen Ungarn. Heftige Kämpfe an der Danziger Bucht. **4. 4.**

Letzte V2-Raketen gegen Antwerpen, Brüssel und Lüttich (seit 27. März: 2050 Raketen). Die sowjetische »3. Ukrainische Front« tritt zum Großangriff auf Wien an. München erlebt den 50. Luftangriff seit Beginn des Krieges. **5. 4.**

Nach der Auflösung des Hauptlagers Buchenwald werden 40 000 Gefangene auf »Todesmärsche« getrieben: 13 500 werden dabei ermordet, etwa 21 000 Häftlinge bleiben in Buchenwald zurück. **6. 4.**

Luftschlacht über dem Steinhuder Meer bei Hannover (Verluste: 133 deutsche »Rammjäger«, 51 US-Flugzeuge). Alliierte Ver- **7. 4.**

bände verstärken ihren »Druck an der Weser« (OKW-Bericht), stoßen weiter in Thüringen vor und nehmen im Süden die Städte Mergentheim und Pforzheim. Sowjetische Truppen dringen in die Außenbezirke von Wien ein.

8. 4. Jüdische Häftlinge aus dem KZ Buchenwald werden zum Marsch ins KZ Flossenbürg gezwungen. Die Rote Armee erreicht Königsberg. Schwere amerikanische Luftangriffe gegen Plauen, Halberstadt, Stendal und Zerbst.

10. 4. Britischer Luftangriff auf den Kieler Hafen (Versenkung der Kreuzer »Admiral Scheer« und »Admiral Hipper«). Alliierte Verbände nehmen Bochum, Essen und Hannover. Straßenkämpfe in Wien: Sowjetische Truppen besetzen Parlament und Rathaus.

11. 4. KZ-Häftlinge befreien das Lager Buchenwald und übergeben es später an die Amerikaner (entsprechende Aktionen auch in anderen Lagern). US-Truppen erreichen die Elbe südlich von Magdeburg und besetzen Würzburg. Die Sowjetunion schließt Freundschaftspakt mit Jugoslawien unter Tito.

12. 4. Der amerikanische Präsident Roosevelt stirbt an einem Gehirnschlag (Nachfolger wird Harry S. Truman). Alliierte Verbände besetzen Braunschweig, Heilbronn und Weimar.

13. 4. Die Rote Armee erobert Wien.

15. 4. Britische Truppen befreien das Lager Bergen-Belsen: sie finden 13 000 tote und 40 000 lebende Häftlinge vor. »Todesmarsch« der weiblichen Häftlinge aus dem KZ Ravensbrück nach Westen. Schwerer britischer Luftangriff am 14./15. April auf Potsdam. Kanadische Verbände erreichen die Ems-Mündung. Amerikaner besetzen Leuna und Merseburg, Franzosen erreichen Offenburg. Die Sowjets stellen mit der Einnahme von St. Pölten ihren weiteren Vormarsch in Österreich ein.

16. 4. Zwischen Neiße-Mündung und Oder-Bruch treten die »1. Ukrainische Front« und die »1. Weißrussische Front« zum Großangriff auf Berlin an. Hitler erläßt seinen letzten Tagesbefehl an die Soldaten der Ostfront: »Berlin bleibt deutsch, Wien wird wieder

deutsch«. Der Frachter »Goya« (5230 BRT) sinkt nach sowjeti- 18.4.
schem U-Boot-Treffer mit 7000 Soldaten und Flüchtlingen vor
Rixthöft (334 Überlebende).

Endgültige Kapitulation der Heeresgruppe B im »Ruhrkessel«.
US-Truppen besetzen Magdeburg, Plauen und Zwickau. Der an-
greifenden Roten Armee gelingen zwischen Görlitz und Cottbus
sowie an der Oder tiefe Einbrüche in die deutschen Linien. In 19.4.
Böhmen dringen sowjetische Verbände bis in den Raum von
Brünn vor.

Schneller Aufmarsch der Alliierten in Süddeutschland: erste Verbände erreichen Tübingen und Rottenburg. Die 2. britische Ar- 20.4.
mee nimmt Lüneburg und stößt bei Lauenburg bis an die Elbe
vor.

Die Amerikaner besetzen Leipzig und Nürnberg nach mehrtägi-
gen Kämpfen. Französische Truppen erreichen Freudenstadt im
Schwarzwald und Freiburg im Breisgau. In den Niederlanden
setzen die Deutschen ca. 40000 ha Land durch Sprengung der
Deiche unter Wasser. Hitler feiert seinen 56. Geburtstag im Bunker der Reichskanzlei (anwesend u.a. Göring, Dönitz, Keitel,
Ribbentrop, Himmler und Goebbels). Der Chef der Kriegsma- 21.4.
rine Dönitz erhält den Oberbefehl über die »Verteidigung des
Nordraumes«.

Britische Verbände stehen vor Hamburg. Berlin zum ersten Mal
unter sowjetischem Artilleriebeschuß. »Todesmarsch« (bis zum 22.4.
1. Mai) von 35000 KZ-Häftlingen aus Sachsenhausen nach
Mecklenburg (10 000 Tote).

Die 1. französische Armee erobert Stuttgart. Die 7. US-Armee erreicht Donaueschingen. Zusammenbruch der deutschen Front
in Italien: Alliierte stoßen in die Po-Ebene vor. Sowjetische Truppen erreichen die Außenbezirke von Berlin (Köpenick). Hitler
äußert bei der Lagebesprechung erstmals die Ansicht, daß der 23.4.
Krieg verloren sei; er bleibe aber in Berlin. Goebbels erklärt Berlin »zur Frontstadt«.

Sowjetische Verbände besetzen Frankfurt an der Oder und Potsdam. Amerikaner dringen bis nach Böhmen vor. Göring wird von
Hitler wegen vorgeblichen »Verrats« aus allen Ämtern entlassen.

24. 4. Die 7. US-Armee erobert Ulm. Berlin ist von den sowjetischen
Truppen nahezu eingekreist. Himmler überstellt in Lübeck den
Alliierten über den schwedischen Grafen Bernadotte ein Kapitu-
lationsangebot.

25. 4. Bei Torgau an der Elbe treffen Soldaten der 1. US-Armee und der
sowjetischen 5. Garde-Armee zusammen. Der sowjetische Ring
um Berlin ist geschlossen. Reste der deutschen 4. Armee in Ostpreußen ziehen sich auf die Frische Nehrung zurück. Britische
Bomber zerstören Hitlers »Berghof« auf dem Obersalzberg. 50
Nationen nehmen an der Gründungskonferenz der »Vereinten
Nationen« in San Francisco teil (endet am 26. Juni 1945).

26. 4. Die 2. britische Armee nimmt Bremen. Sowjetische Verbände besetzen Stettin und Brünn. Die Amerikaner stoppen ihren Vormarsch an der Elbe. Straßenkämpfe in Berlin Zehlendorf, in
Steglitz und am Tempelhofer Feld. Hitler erteilt seiner engsten
Umgebung erste Befehle für den Fall seines Selbstmordes.

27. 4. Die 7. US-Armee besetzt Regensburg und Ingolstadt. Amerikanische Truppen erreichen österreichisches Gebiet. Heftige Kämpfe
in der Berliner Innenstadt (Charlottenburg). Hitler befiehlt die
Flutung der U-Bahn-Schächte (Tausende verwundeter Soldaten
und Zivilisten ertrinken). Hitlerjungen verteidigen die Havel-
Brücken.

28. 4. Bei Lauenburg bilden die Briten einen Brückenkopf über die
Elbe. Augsburg von Amerikanern besetzt. Die Rote Armee durchbricht den inneren Verteidigungsring in Berlin: Kämpfe am
Reichstag und am Brandenburger Tor. Ein Entlastungsangriff der
neu gebildeten 12. Armee unter General Wenck kommt am
Schwielow-See zum Stehen. Hitler erfährt vom Kapitulationser-
suchen Himmlers: Der Reichsführer-SS wird, ebenso wie Göring,
von Hitler aus der NSDAP ausgeschlossen, sein Vertreter in der
Reichskanzlei Fegelein standrechtlich erschossen.

Einheiten der 7. US-Armee befreien das KZ Dachau bei Mün-   29. 4.
chen. Die deutsche Heeresgruppe C in Italien kapituliert in Caserta (wird erst am 2. Mai bekanntgegeben). Sowjetische Verbände erreichen in Berlin die Potsdamer Straße und den
Belle-Alliance-Platz. Hitler heiratet seine langjährige Geliebte
Eva Braun und diktiert anschließend sein »politisches« sowie
sein »privates« Testament. Der »Führer« erhält die Nachricht von
der Gefangennahme (28. April) und Hinrichtung Mussolinis und
seiner Geliebten Claretta Petacci nahe dem Comer See (Villa
Belmonte) durch italienische Partisanen.

Die Briten verstärken ihre Angriffe südlich von Hamburg. Die   30. 4.
7. US-Armee erreicht München (Kämpfe in der Innenstadt) und
Garmisch-Partenkirchen. Heftige Straßenkämpfe im Zentrum
Berlins. Hitler begeht gegen 15.30 Uhr Selbstmord durch Erschießen, seine Frau nimmt Gift: die Leichen werden im Garten
der Reichskanzlei verbrannt. Bormann setzt gemäß dem »politischen« Testament Admiral Dönitz zum Reichspräsidenten und
Obersten Befehlshaber der Wehrmacht ein (Reichskanzler wird
Goebbels).

Lesen und weitergeben!

Der Panzerbär

27. April 194.

KAMPFBLATT FÜR DIE VERTEIDIGER GROSS-BERLINS

Bollwerk gegen den Bolschewismus
Berlin: Massengrab für Sowjetpanzer

Rundfunkansprache von Staatssekretär Dr. Naumann
Berlin kämpft für das Reich und Europa

Berlin, 26. April. Der Staatssekretär im Reichsministerium für Volksaufklärung und Propaganda, Staatsleiter Dr. Naumann hielt am Donnerstag folgende Rundfunkansprache:

Deutsche Volksgenossen!

Der Kampf um Berlin tobt nun in voller Wucht. Die Straßen, die Stadtteile tragen schon Spuren dieser großen Schlacht, und unsere wohlbekannten Straßen und Plätze sind in Wahrzeichen eines heroischen Ringens geworden.

Die sowjetischen Bolschchaber, die Stalin die versprochene Morgengabe der eroberten Reichshauptstadt nicht feistgerecht auf den Tisch der Konferenz von San Franzisko legen konnten, treiben ihre Horden ihre Panzerkeile und ihre Schützenvolksmassen immer rücksichtsloser in verlustreiche Straßenkämpfe. Sie handelt es sich dabei eine nicht um einen kurzfristigen, nachpolitischen Prestigeerfolg: Der Bolschewismus steht in der Herausnahme Berlins der Entscheidung auf zur Beherrschung Europas und damit zur Diktatur über die abendländische Welt.

Gegenüber diesem Ansturm, dem Klinge haben die Verteidiger Berlins einen schweren Stand, aber ihre Haltung entspricht der Größe der Gefahr. Sie sind sich der Bedeutung ihrer Aufgabe bewußt. Sie wissen, auf ihren Tapferkeit und ihrem Kampfeswillen steht nun das Leben und die Freiheit von Millionen Kindern, Frauen und Müttern und die politische Zukunft des Reiches anvertraut ist, sondern auch die zukünftige Gestaltung des Abendlandes. Sie wissen auch, daß der Ansturm der Feinde um so wilder werden wird, je mehr er spürt, daß ein militärischer Halt, unter von draußen sich nähert und im Begriffe ist, dem Sieg im letzten Augenblick aus den Händen zu winden.

An der Spitze der Führer

An der Spitze der Verteidigung Berlins steht der Führer. Diese Tatsache allein schon gibt dem Kampf um Berlin sein einmaliges und entscheidendes Gesicht. Wie in der Kampfzeit, wie immer in seinem ganzen Leben, weicht der Führer der letzten Entscheidung nicht aus, sondern stellt sich unter Einsatz seiner ganzen Person an die Spitze der Kampfes. Er, der tausend Gründe anführen könnte, die seine Anwesenheit an anderer Stelle als angeblich wichtiger erscheinen lassen würden, verzichtet auf diese Umwege und gibt damit ein unvergängliches Vorbild eines sich selber in jeder Lage treu bleibenden Kämpfers. Niemals hat er den Herren seine Soldaten so nahe gestanden wie in dieser schweren Stunde. Niemals war er in der Liebe der Männer und Frauen von Berlin fester verankert als jetzt, wo er seine geschichtliche Aufgabe mit seiner Hauptstadt unlösbar verbunden hat.

Gegenüber den kalkulierten Verkündigungen der Feindpresse, die er nicht angeben möchte, daß der Führer die Reichshauptstadt in der Lage zu seinem Volke steht, wissen die Männer und Frauen von Berlin, daß der Führer bei ihnen ist, um die Gefahr des Bolschewismus für die Reichshauptstadt zu bannen.

Während in diesem bewegten Tagen die Staatsmänner der Westmächte in San Franzisko mit dem Sowjets in schwächster Freundschaft zusammensitzen und versuchen, durch Kompromisse den bolschewistischen Imperialismus aufzuhalten, der ich noch niemals an Konferenzbeschlüssen gebunden gehalten hat, steht der Führer in eigener Person inmitten der innerbewußtlosen Tagt, um den Ostum mit den letzten Aufgeboten seiner beiden Kräfte entgegen, fort aufzuhören, diesen Ansturm zum Stehen zu bringen und ihm zerschmettern und zu zerbrechen. Er kennt die Gefahr des Bolschewismus nicht erst seit heute, wie die unverhohlene Machtgier Moskaus auch in London und Washington mit immer stärkerem Mißtrauen verzeichnet wird. Sein Kampf hat seinen Ursprung in der Notwehr des deutschen Volkes gegen den Bolschewismus. Wenn heute Deutschland und Europa noch nicht sowjetisch sind, so ist dies allein sein Verdienst.

Die großen Probleme des 20. Jahrhunderts, die durch das Maschinenzeitalter aufgeworfenen sozialen Fragen, konnten nur auf dem Wege über den Nationalsozialismus gelöst werden. Noch den Abschluß und Prämissen des Führers stände jetzt schon ein unvergleichbares und glückliches Europa als mitteleuropäisches Bollwerk dem Bolschewismus gegenüber. Im der Durchführung dieser Pläne, der allen Völkern Europas und der großen Kulturwelt zur Stern bringen konnte, wurde der Führer durch Mächte verhindert, die in unglückseliger Verkennung ihrer eigenen Interessen und gefärbt über unser weiteres Wohlen die Halter des Bolschewismus wurden. Stark wie versprochen, des kleinen Völkers Selbständigkeit und Freiheit zu garantieren, wurden diese gerade von ihnen dem Bolschewismus ausgeliefert. Auch ihre Terrorherrschaft in Europa wurde nicht nur kulturwüchsende Verhinderungsregion in eigener Sache, sondern vor allem Hilfsdienste zugunsten des Bolschewismus.

Roosevelts Verra.

Für immer wird mit dem Namen Roosevelt die Schuld verbunden sein, daß er mit dem Einsatz seines ganzen Einflusses den Kampf Europas gegen den Bolschewismus in den Rücken gefallen ist.

Jahrelang ist es gelungen, aus eigener Kraft dem Ansturm dieser Weltmächte siegreich Widerstand zu leisten und

Ostersonntag, 1. April, Berlin
Tagebuch Joseph Goebbels

Die Berichte der Reichspropagandaämter und die Briefe, die bei mir einlaufen, sprechen natürlich eine sehr verzweifelte Sprache. Allgemein sind sie auf die Tendenz eingestellt, daß die Bevölkerung die Überzeugung vertrete, daß der Krieg verloren sei. Wir hätten durch die Verluste so weiter Gebiete keine Rüstungsbasis mehr, so daß eine Chance für uns nicht mehr gegeben sei. Vielfach stellen die Menschen sich schon die Frage, wie sie auf die beste und honorigste Weise dieses furchtbare Leben loswerden könnten. Hin und wieder werden zwar noch radikale Maßnahmen verlangt, zum Beispiel – was immer wieder betont wird – Austritt aus der Genfer Konvention; aber auch davon verspricht man sich nicht mehr allzuviel. Im allgemeinen sind die guten Elemente vielfach mit der Frage beschäftigt, wie man anständig sterben könne. [. . .] Die schlechten Beispiele, die seitens der Partei geliefert werden, haben auf die Bevölkerung außerordentlich abstoßend gewirkt. Die Partei habe infolgedessen sehr an Kredit verloren. Dagegen setze das Volk, wenn überhaupt noch eine Hoffnung, dann diese nur auf den Führer. Allgemein erfülle die Bevölkerung noch gewissenhaft ihre Pflicht, kritisiere zwar viel an der Staats- und Parteiführung, halte die Entwicklung im Westen für schauderhaft, setze einige Hoffnung auf unseren Widerstand im Osten, sei aber sonst doch bereit, alles zu tun, was die Staatsführung von ihr verlange.

Ostersonntag, 1. April, bei Ansbach
Tagebuch Margarete B. Heilers

Jetzt scheint es sogar schon bis hierher gedrungen zu sein, daß der Krieg verloren ist. Die Bäuerin sucht plötzlich bei mir Anschluß und fragt mich, ob uns die Amerikaner wohl vergewaltigen würden.

Ich rechne damit, daß jeden Tag die »Befreier« eintreffen werden, um den Spuk zu beenden.

Ostermontag, 2. April, Würzburg
Tagebuch Fritz Bauer

Unter Mittag tritt eine verhältnismäßige Ruhe ein. Seit der Heiligen Messe heute früh haben wir das Allerheiligste wieder im Keller. Die Schwestern freuen sich darüber und für alle ist die Gegenwart Christi eine Beruhigung.

Es sind Leute hier, die schwere Nazi waren. Jetzt schimpfen sie, aber nicht über sich. Sie sind unschuldig. Einer tut sich besonders hervor. Von ihm raunt man, er habe mehrere Leute ins Gefängnis gebracht. Jetzt ballt er die Faust und zittert vor Angst.

Dienstag, 3. April, Kriegsgefangenenlager in Texas/USA
Tagebuch Kurt G.

Zwei Kameraden führen am Nachmittag eine Debatte über die Möglichkeiten eines deutschen Kommunismus. Man ist der Meinung, daß er in Deutschland bessere Formen als in Rußland

Wehrmachtshelferinnen vor dem »Volksempfänger«

haben würde. Soweit sind wir nun, daß man mit dem Ende unseres Vaterlandes rechnet.

Dienstag, 3. April, Mayrhofen/Österreich
Tagebuch Erich Kästner

Die Russen stehen in Baden bei Wien und in Danzig, die Engländer in Bielefeld, Kassel und Heidelberg sowie vor Würzburg und Eisenach. Auch der Fall Frankfurts am Main wurde, diesmal unverblümt, zugegeben.

Der Krieg im Äther wird zum Guerillakrieg, unübersichtlich und täglich rüder. Die Eroberer greifen auf deutschen Wellen und in deutscher Sprache in den Kampf ein. Und seit vorgestern stemmt sich der Werwolf*-Sender gegen den nahenden Untergang. Er scheut vor keiner Hetzparole zurück. Er stempelt Kinder zu Helden, weil sie Handgranaten aus den Fenstern geworfen haben. Und den deutschen Frauen und Mädchen sind ehrenvolle Fensterplätze zugedacht. Man fordert sie, auf Betreiben Himmlers und übrigens auch in den Zeitungen, zum Heroismus auf und empfiehlt ihnen, die einmarschierenden Feinde mit kochendem Wasser zu begießen. Man kommentiert den Vorschlag einer russischen Krankenschwester, stramme deutsche Mädchen zu sowjetischen »Staatsmüttern« zu machen, mit der Bemerkung, sie seien »als Matratzen für die russischen Untiere« vorgesehen. Diesen Kommentar hörten wir im Gasthof »Neuhaus« gemeinsam mit einer Schar halbflügger Seminaristinnen. Sie saßen rund um den Radioapparat und kicherten, als läse ihnen, nachts im Schlafsaal, ein nackter Mann aus »Josefine Mutzenbacher« vor. Sehr stolz ist man darauf, daß man in Aachen den Bürgermeister meuchlings umgelegt hat, weil er mit der Besatzungsbehörde verhandelte. Was sonst hätte er denn, zum Nutzen der Bevölkerung, tun sollen? Hätte er den Schulkin-

---

* Nationalsozialistische Untergrundbewegung in den bereits von den Alliierten besetzten Gebieten.

dern Handgranaten und den Frauen Eimer für heißes Wasser zu-
teilen sollen? Die Ludendorffs verlieren unsere Kriege, und die
Erzbergers verlieren ihr Leben.

Dienstag, 3. April, Kirchstetten/Österreich
Josef Weinheber an seine Mutter

Über unsere Lage hier wirst Du aus den Drahtfunk- bzw. Zei-
tungsberichten ja einigermaßen orientiert sein. Es ist hier jetzt
grimmiger Ernst geworden. Wir sind Frontgebiet.

Jede Stunde kann hier für uns alle von lebensentscheidender
Bedeutung werden. Ein nicht abreißender Flüchtlingsstrom
wälzt sich Tag und Nacht über unsere Bezirksstraße. Ich habe in
meinem ganzen Leben zusammen nicht so viel an Jammer gesehen wie in diesen wenigen, letzten Tagen. Alles flieht nach Westen, in den Wäldern lagern Flüchtlinge aus dem Burgenland, aus
Ungarn, der Geschützdonner von der Wr. [Wiener] Neustädter
Front ist unsere dauernde Sterbemelodie. Wir vom Volkssturm
dürfen den Ort nicht mehr verlassen (heute habe ich 6−8 h
abends Stafettendienst bei den Panzersperren der Straße), wir erwarten jede Minute Weisungen, was die Bevölkerung zu tun hat.
Es scheint aber, daß man uns vergessen hat. Der Russe scheint
über Baden, Alland gegen St. Pölten vorgreifen zu wollen, um die
ganze Gegend hier einzukesseln. Die Leute haben das Notwen-
digste gepackt und warten darauf, Evakuierungsbefehl zu erhalten. Ich glaube aber, daß alle Maßnahmen, die vielleicht doch
noch getroffen werden, zu spät kommen. Wir sind wahrscheinlich bereits eingekesselt. Hedwig erweist sich in diesen Tagen als
ein wirklicher Kamerad. Sie will nicht fliehen, sondern mit mir
hier ausharren und zugrunde gehen. [...] Ach wo sind jetzt die
schönen Worte hin über den Wert unserer Kultur, über den
großen Dichter u.s.w.!

Niemand von den Maßgebenden kümmert sich um mich. Ich
muß hier zusehen, wie der Flüchtlingsstrom sich nach Westen
wälzt, tausende nichtssagende, erschöpfte Kreaturen, die noch

einige Hoffnung tragen, dem Verhängnis zu entrinnen, während ich verpflichtet bin, hier auszuharren bis zum bitteren Ende.

Liebe Mama! Wir werden uns in diesem Leben nicht mehr sehen. Ich danke Dir für alles Gute, das Du an mir getan hast. Ich

Die amerikanische Armee nimmt am 9. April Würzburg ein

kann Dir wahrscheinlich kein Lebenszeichen mehr geben, weil ich Stunde für Stunde damit rechne, daß wir von der Außenwelt abgeschnitten werden.

Leb also wohl!

Dein Weinheber.

Frau Pazterka blieb bei einem Terrortreffer auf ihr Haus tot, Pazterka ist lebensgefährlich verletzt aus den Trümmern geholt worden. Dir sonstige Einzelheiten von hier zu berichten, erscheint mir angesichts unserer eigenen Lage nicht mehr interessant. Leb wohl!

Mittwoch, 4. April, New York
George Grosz an John Heartfield in London

Lieber alter John,

... es war schön, von Dir zu hören und zu wissen, daß Du lebendig und rege bist, wie in den alten Tagen als »Monteur« – erinnerst Du Dich? – als aus Deinen Taschen immer Papier und Zeitungen heraussteckten, so wie ein »Monteur« eben aussieht. Und vielen Dank auch, daß Du an meinen 50 sten Geburtstag gedacht hast ... Deine Freundschaft hat mich tief gerührt, wo Freundschaft heute doch so rar ist und jeder allein dasteht. Es ist schön, daß unsere Freundschaft nicht von politischen Motten zerfressen wurde. Ich bin manchmal sehr bedrückt, wenn ich in den Emigranten-Zeitungen sehe, wie sich die verschiedenen Gruppen bekämpfen. Es ist irgendwie mein Geschick oder vielleicht meine Naturveranlagung, daß ich ein »einsamer Wolf« bleiben muß (entschuldige, das klingt etwas romantisch, aber Du weißt, was ich damit sagen will) ... Ich bin froh, daß der bestialisch-schreckliche Alptraum des Hitlerregimes zu Ende geht. Was die Zukunft uns bringt (außer den Tod) weiß niemand ... ich bin eher skeptisch als optimistisch.

Mittwoch, 4. April, Görlitz

Tagebuch Franz Scholz

Mit dem evangelischen Kollegen sprechen wir bei dem neuen, sehr mächtigen Festungskommandanten vor. Er hält unser Verbleiben hier für höchst überflüssig. Die Art, mit uns umzugehen, ist fast beleidigend. Er ist »zuverlässiger« Hitlermann und will hier bis zum letzten Soldaten kämpfen. Aber wir können so viel klären, daß die beiden Standortpfarrer in der »Festung« bleiben und auch wirken dürfen, so ablehnend seine Haltung auch ist. Im übrigen habe er jetzt ganz anderen Kummer. Außerdem hätte er unsere rechtzeitige Aufwartung vermißt. Dieser Fehler sei nicht mehr gutzumachen. Dafür gäbe es keine Entschuldigung. Nach acht Minuten sind wir ungnädig entlassen und besprechen unseren Einsatz im Falle der Zernierung der Festung mit dem Adjutanten. Ein anschließender Besuch bei dem treu evangelischen Standortältesten, der jetzt allerdings aller Weisungsbefugnisse beraubt ist, zeigt den Unterschied zwischen einem alten deutschen Offizier und einer Kreatur Hitlers.

Mittwoch, 4. April, Raum Hamburg

Unbekannter Volkssturmmann an seine Frau und seine Kinder

Wenn sich die Lage nun nicht bald ändert, wirst Du nicht mehr viel Post von mir bekommen. Jetzt wird bei uns mit Hochdruck geschanzt und schon Waffen eingebaut. Wenn es so weitergeht, sind wir in 8–14 Tagen Kampfgebiet. Mit nach Hamburg Kommen ist dann Essig. Jetzt läßt sich nichts mehr ändern. Daß Du zurückkommen sollst, habe ich oft geschrieben. Wenn wir uns dann nicht wiedersehen sollten, eine Abschneidung ist immerhin möglich, laßt es Euch gutgehen, bleibt gesund, und kommt nicht unter die Bolschewiken. Groß-Bostel soll bei eventuellen Kampfhandlungen bis jetzt nicht geräumt werden. Eppendorf soll evakuiert werden, wenn es soweit sein sollte. Wo die Menschen alle hin sollen, ist mir ein Rätsel. Unser Ortsgruppenleiter braucht schon an seine Frau nicht mehr zu schreiben. Die ist schon beim Tommy*. Er hat noch vor einigen Tagen mit seiner Frau telefonisch gesprochen. Die Front ist von uns noch etwa 175 km entfernt. Das Straßenbild hat sich auch viel verändert. Man sieht viel Militär und dann die Wehrmachtsautos.

Donnerstag, 5. April, Marburg
Johannes Pf. an seine Familie in Allna/Kreis Marburg

Soviel ich nun weiß, komme ich bald von Marburg weg Richtung Westen. Wohin ich komme, kann ich nicht genau sagen, wahrscheinlich nach Frankreich oder Belgien. Ihr braucht Euch keine Gedanken zu machen um mich, ich komme schon durch. Der Krieg ist bald zu Ende und dann komme ich nach Hause. Wenn unsere Regierung nicht wäre, hätten wir schon Frieden. Ich habs als Gefangener besser als wie erst. Ihr wißt nun wie es mir geht, und ich weiß, was zu Hause los ist. Habe mich sehr gefreut, daß Vater und Dörtchen noch mal hier waren. Meine Sachen hebt mir gut auf. Seht Euch sonst mit allem vor, daß Euch die Polizei nicht auf den Hals kommt und dann wird schon alles gut werden. Ich habe überhaupt keine Bedenken. Die paar Wochen gehen noch rum und dann ist Frieden. Wenn Ihr nun mal eine Zeit lang nichts mehr hört von mir, macht Euch nicht unnötige Gedanken. Viele herzliche Grüße sendet Euch Hannes. Gruß an alle Verwandten und Bekannten.

Freitag, 6. April, Konzentrationslager Dachau
Tagebuch Arthur Haulot

Die Ereignisse überstürzen sich so sehr, daß man ihnen kaum folgen kann. Dieses umso mehr, als wir keine Zeitungen zur Verfügung haben. Wie dem auch sei, man fühlt das Ende so

---

* Umgangssprachlich für die britische Armee.

nahe, daß man es jede Minute erwartet. Es besteht ein erschütternder und obendrein doppelter Kontrast zwischen dem relativen Frieden des Lagers und dem schrecklichen, wüsten Getöse draußen, und dem Ausmaß des Schlamassels, in das uns die Befreiung entläßt. Das Schauspiel ist beeindruckend. Was werden wir morgen tun? Zunächst hier, und später anderswo? Ich fühle mich persönlich verantwortlich. Denen gegenüber, die heute noch meine Gefährten sind, die das Recht haben zu hoffen, in ihr Land zurückkehren zu können. Von unserer Entscheidung einigen gegenüber, von unserer Kaltblütigkeit, unserem Willen, hängt es vielleicht ab, ob diese Hoffnung Wirklichkeit wird. Und morgen, zu Hause, werden wir für die Witwen und die Kinder der verschwundenen Freunde sowie für die existentielle Orientierung unseres Landes verantwortlich sein. Man hat viel von der heiligen Aufgabe der ehemaligen Kämpfer gesprochen.

Sie haben sie so schlecht erfüllt!

Werden wir mehr Glück haben?

Ich habe schon zu lange gelebt, hohe Ideale ... und Desillusionen zu sehr kennengelernt, um mich in rosarote Träume einzuhüllen. Die Wirklichkeit von morgen wird sehr hart werden. Und man muß selbst stark sein, um ihr begegnen zu können. Mögen alle diejenigen, die durch die Schule des Lagerlebens gegangen sind, auch im zukünftigen Kampf nicht vergessen, daß das Kernstück des Lebens die Freiheit ist.

Freitag, 6. April, Mittenwald
Tagebuch Horst Lange

Am frühen Morgen [31.3.] durch das in ein Trümmerfeld verwandelte und noch rauchende Plauen. Zum Fichtelgebirge hoch. Überall die ersten Warnungsschilder: Fliegeralarm! An Nürnberg vorüber. Durch die offene, weite, sonnige Landschaft Frankens. Durch kleine, von Bomben zerstörte Städte, durch Täler und Dörfer, die der Krieg noch nicht berührt hat. Das schöne, alte Nördlingen, in das in der Nacht eine Luftmine gefallen war. Trümmer, Trümmer, Schutt und Bomben-Trichter, Panzersperren, Stellungen, die in aller Eile ausgehoben werden, Flüchtlings-Trecks, ausgebrannte Auto-Wracks und Deckungslöcher neben den Straßen, – und, über allem: die klare, reine, heitere Frühlingssonne, und überall Primeln und Leberblumen! – Das entsetzlich zerstörte Ulm, die von einem Bombeneinschlag zerfetzte Donau-Brücke, über die wir mit knapper Mühe und Not hinüberkommen. Die verwüstete Pionier-Kaserne, wo wir das Gepäck des toten Generals Rommel abgeben.

Samstag, 7. April, Holland
Ferdl an seine Frau in Wien

Man macht sich schon wieder Gedanken, wie wird es morgen schon wieder aussehen um das Stückchen Erde, was man in all der Zeit lieb gewonnen hat, und wie wird es den Menschen dort drinnen gehn, die einem das Teuerste auf dieser Welt sind, und um die es sich lohnt, sich zu sorgen, ach, was würde ich dafür geben, jetzt bei Dir zu sein und Dir mit Rat und Tat zur Seite stehen, Dir helfen all das Schwere zu tragen, denn mit vereinten Kräften läßt es sich viel leichter tragen, und man kann so manchen Gedanken austauschen und dabei sich das Herz leichter machen, aber wo können wir das? Nur Sorgen und Trübsal sind in unser armes zerrissenes Herz eingezogen, nicht mal die Sonne kann einem mehr ein frohes Lachen von den Lippen zaubern, nein, es ist alles wie tot in einem, nur noch eins errettet uns und das ist der Tod selbst, denn wir sind arm und schwach, der Glauben wurde uns genommen, die Zukunft ein leerer Wahn, es bleibt nichts übrig, als das erlösende Sterben, aber nicht als Feigling möchte ich das, nein, ich werde mein Leben so teuer als nur möglich ist verkaufen, denn auf ein Wiedersehen darf man doch nicht mehr so gleich rechnen, vielleicht überhaupt nicht mehr, denn unser Volk wird jetzt als ein Ganzes der

Vernichtung preisgegeben, und die paar, die dann noch am Leben sind, werden Sklaven fremder Mächte und diese fragen nicht mehr, ob wir eine Heimat hatten oder Menschen, die einem lieb und wert waren, nein, die kennen weiter nichts, als den Rest, der noch übrig bleibt, ganz zu vernichten, und ein altes Sprichwort sagt: Mein Leben ist Mühe und Arbeit gewesen, und wenn ich zurückblicke, war es ein »nicht für mich, nur für andere«, und so ist es auch bei uns, ohne Erbarmen wird alles was kreucht und fleucht mit Mann und Maus vernichtet und ausgerottet, und ein Volk hat gelebt, aber es wird nie wieder aufstehen, dafür sorgen die anderen schon zu gut, ob das der Russe ist oder der Amerikaner oder der Engländer, keiner hat nur einen Funken Mitleid mit uns, nein, sie werden sich darüber hermachen und ihre Beute gemeinsam teilen, und so werden wir der Willkür der einzelnen Mächte ausgesetzt sein, so wie sie es für richtig finden, in diesem Maß werden wir dann behandelt.

Samstag, 7. April, Agra bei Lugano
Hermann Heisler an Karl Barth in Basel

Sie haben durchaus recht, wenn Sie im deutschen Volk einen gewissen Prozentsatz Menschen vermuten, die mit Haut und Haar gegen das entsetzliche Nazi-Regime seit je gewesen sind. Wer, wie ich, aus einer Pfarrerfamilie stammt, die aus Überzeugungsgründen schwerstes Leid über sich ergehen lassen mußte, weiß, was in diesen vergangenen 12 Jahren Opposition vermochte und was nicht: Praktisch war sie gänzlich bedeutungslos. Trotzdem hat das deutsche Bürgertum durch weitgehende Passivität sein eigenes Grab geschaufelt. Aber wer wollte dem Lamm einen Vorwurf machen, daß es den Wolf nicht beißen kann? Gerade die eigentlich konstruktiven, mehr gelassenen Köpfe unter uns Süddeutschen eigneten sich nie zum Revolutionär, und der Nationalsozialismus verstand es meisterhaft, trotz aller öden, geistigen Sterilität in hundert geschickten Vermummungen aufzutreten und jedem biederen Deutschen gerade *die* Seite darzubieten, die ihm acceptabel schien, und so immer wieder Sand in die Augen zu streuen, welcher Teufel de facto im deutschen Hause den Herrn spielte. Dies will mehr eine Erklärung als eine Entschuldigung sein. Auf die Frage: wo steht heute eigentlich der »deutsche Mensch«? kann ich aus meiner Erfahrung heraus nur sagen: im großen Ganzen steht er überhaupt nirgends, gleichgültig, welche Bevölkerungsschichten man ins Auge faßt. Er ist in schauerlicher Weise innerlich gebrochen, er hat – vom kleinen Arbeiter bis zum Generaldirektor – das Denken sowohl nach Tiefe als nach Fülle aufgegeben; einige haben einen Graben gezogen zwischen täglichem und Innenleben und auf eine Verrechnung zwischen beiden völlig verzichtet. Hierzu ist zu erwähnen, daß die nackte und raffiniert angewandte nazistische Gewalt im Auslande, besonders bei den Neutralen, in all ihren Auswirkungen wohl oft kritisiert und gegeißelt wird, ohne jedoch den naheliegenden Schluß zu ziehen, daß die frühesten Opfer dieses engmaschigen Netzes selbstverständlich in Deutschland selbst zu suchen sind.

Fliegeralarm in Berlin. Szene vor einem Luftschutzbunker

Samstag, 7. April, Kutzer/Ostpommern
Tagebuch Käthe von Normann

Hans, mein lieber, großer Junge, ist doch schon der vernünftig-
ste. Er hilft und begreift, worauf es ankommt. Gestern fand er
über dem Boden des Dachstübchens Hitlers »Mein Kampf«. Er
riet gleich, es zu verbrennen, damit wir keine Unannehmlichkei-
ten bekommen. Heute holte er es herunter und das dumme
Schriftwerk wurde im Schweinekessel verbrannt. Als er dort
oben herumkletterte, was recht halsbrecherisch war, da mußte
ich so recht an seine ersten Kletterversuche denken, und welche
Freude Väterchen immer daran hatte.
[...]
Heute kam durchs Dorf ein trauriger Zug von lauter alten
Männern, die in ihre Heimat ziehen wollten. Sie hatten Hunger,
und wir konnten ihnen so wenig helfen. Teils waren sie zu alt,
teils zu krank zur Arbeit. Vielleicht kommt unser Väterchen auch
einmal mit solchem Zug nach Hause und erfährt dort, daß wir
hier sind.

Samstag, 7. April, Münchenbernsdorf bei Gera
Gisela R. an ihren Mann

Mein geliebter Herbert!
Wie wird Dir das Herz bluten bei all den Meldungen über Dein
geliebtes Thüringen! Wir haben seit vorgestern keine Zeitung
mehr; wie ich hörte, soll es in Gera an allen Ecken brennen. So
bin ich auch ohne Nachrichten über die Lage, doch soll
Eisenach jetzt aufgegeben sein. Wie mag es den Eltern gehen?
Und in Erfurt wird gekämpft, wo wir vor $^1/_2$ Jahr zusammen die
Kirchen besichtigten. Da hatten wir uns das nicht träumen lassen!

Sonntag, 8. April, Mayrhofen/Österreich
Tagebuch Erich Kästner

Auch nach einem totalen Krieg gibt es Sieger und Besiegte. Und der Sieger wird, wie in alten Zeiten, Forderungen stellen. Ich sehe von Zusicherungen ideeller Art ab und denke an ökonomische Ansprüche, nachträgliche Kontributionen, wirtschaftlichen Schadenersatz. Woran kann sich, nach einem solchen Schlachtfest, der nominelle und sogar moralische Sieger schadlos halten?

Roosevelt hat, las ich, ausdrücklich erklärt, daß die Vereinigten Staaten diesmal nicht an pekuniäre Leistungen dächten. Er hat also die Zeit nach 1918 nicht vergessen, Geld kann man vom Besiegten nur dann eintreiben, wenn man es ihm, unter welcher Klausel auch immer, zunächst einmal borgt. Das ist ein schlechtes Geschäft. Der amerikanische Präsident hat mitgeteilt, er denke an Sachlieferungen, und damit kann er eigentlich nur die Ratenzahlung von Rohstoffen wie Kohle und Eisen meinen. Er hat die Zeit nach 1918 also doch vergessen. Weswegen kam es denn damals in den englischen Kohlenrevieren zu Aussperrun-

Eine Frau sucht mit ihren Kindern in einem Erdloch Schutz vor Tieffliegern

gen und Streiks, zu Lohndruck, Arbeitslosigkeit und Notstand? Wegen der deutschen Reparationskohle!

Was außer Geld, das uns der Sieger erst leihen müßte, und außer Rohstoffen, die er selbst besitzt und abbauen muß, können wir ihm bieten? Billige Arbeitskräfte? Er wird sich hüten. Denn er muß seine eignen Rüstungsarbeiter und die heimkehrenden Armeen in die langsam anlaufende normale Wirtschaft zurückgliedern! Sollen sie sich, als arbeitslose Paschas, an deutschen Gratiskohlen wärmen, während deutsche Importarbeiter die amerikanischen Hochöfen anblasen und deutsches Eisen verhütten?

Außerdem heißt die Frage ja nicht nur: Was kann man dem Besiegten, ohne die nationale Wirtschaft zu gefährden, wegnehmen? Sie lautet zugleich: Was muß man ihm, wenn die internationale Wirtschaft funktionieren soll, lassen? Einen totalen Krieg zu gewinnen, ist schwer genug. Den Frieden zu gewinnen, dürfte noch viel schwieriger sein. Der Neugierde der Überlebenden sind keine Grenzen gesetzt.

Sonntag, 8. April, Jettingen bei Günzburg
Tagebuch Ursula von Kardorff

Das Dorf spricht von nichts anderem als von den Amerikanern. »Wenn ›d'Amerikaner‹ kommen«, sagen sie, und lachen dabei, ohne jede Furcht. Sie denken sich nichts Böses und stellen sich vor, daß Gerechtigkeit, Zigaretten und Schokolade an die Stelle der Bomben und der Gestapo treten werden. Sind als vernünftige Schwaben bereit, so bald wie möglich die weiße Fahne zu hissen.

Sonntag, 8. April, Berlin, Gefängnis Lehrter Straße
Aufzeichnungen Gerhard Ritter

Sehr wohltätig ist die Möglichkeit, die ich eine lange Zeit hindurch hatte, mit D in einen (illegitimen) Briefverkehr als Zellennachbar zu treten. Schade um die daraus erwachsene *einzig-*

artige Korrespondenz, daß sie jeweils vernichtet w[erden] mußte! Jetzt sind nur noch gelegentliche Grüße möglich, aber doch auch gewisse Mitteilungen. Rührend ist der Eifer, mit dem D und B mir Lebensmittel schickten, trotz meines Sträubens, wenn A D einmal ausblieb. Überhaupt herrscht hier eine großartige Kameradschaft. Und sehr merkwürdig ist die Haltung der Wachposten. 99% stehen mit ihren Sympathien auf unserer Seite, sehr lebhaft sogar, der »Terror« geht nur von *ganz* oben aus. Auf dem Büro sitzen Männer, die sich ängstlich bemühen, einerseits den von oben gestellten Ansprüchen an scharfe Aufsicht gerecht zu werden, andererseits doch auch bei uns eine »gute Note« zu haben. An den »Sieg« glaubt längst kein Mensch mehr, und alles hofft auf baldiges Ende.

Dienstag, 10. April, Amsterdam
Tagebuch Max Beckmann

»Totenköpfe« wirklich fertig. Ganz lustiges Bild – wie überhaupt alles ziemlich lustig und immer gespensterhafter wird. Quappi wieder wohl – Sonst – kann mich noch irgend etwas interessieren? Glaube nicht. An sich wird niemals wieder etwas so unmöglich werden wie der hiesige Zustand von Armut und Auflösung.

Dienstag, 10. April, Rhöndorf-Honnef
Konrad Adenauer an Hertha Kraus in Bryn Mawr, Pennsylvanien/USA

Liebes Fräulein Kraus!
    Meine Frau und ich benutzen die erste Gelegenheit, die sich uns seit Jahren bietet, um Ihnen einen recht herzlichen Gruß zu senden. – Wir hoffen, daß es Ihnen nach wie vor gut geht. –
    Wir haben schwere Zeiten hinter uns. Meine Frau war im September 44 einige Zeit im Gefängnis, ich war bis Ende November 1944 über drei Monate im Conztr. [Konzentrations-]Lager und dann im Gestapogefängnis in Brauweiler. Wenn der Vormarsch

der amerikanischen Armee nicht so überraschend hier in unserer Nähe erfolgt wäre, würde ich wohl von der Gestapo verschleppt und umgebracht worden sein. Unsere drei Söhne sind leider noch im Felde, und wir sind ihretwegen in großer Sorge.

Ich habe eine sehr große Bitte an Sie: Kommen Sie doch wenigstens für einige Zeit, sobald als eben möglich, herüber! – Ich könnte mir denken, daß das ein großes Opfer für Sie bedeuten würde. Aber ich kenne ja Ihre Hilfsbereitschaft und Ihre Arbeitsfreudigkeit; Sie kennen unser Land, und Sie kennen USA. Ich glaube, Sie könnten sowohl der Stadt Köln wie Deutschland und unsern gemeinsamen Idealen sehr wertvolle Dienste leisten.

Dienstag, 10. April, Flensburg
Tagebuch Heimito von Doderer

Die Reise – am Donnerstag nach Ostern (5. April) von Landshut aus angetreten, jedoch mußte man draußen am Sportplatz einsteigen – verlief verhältnismäßig günstig; gestern nachmittags bin ich hier eingetroffen. Zu Berlin, scheint mir, findet man kein einziges Haus mehr, das nicht ramponiert wäre – hier saß ich abends um elf im »Bunker« und vorher in einem kleinen Cafe jetziger Berliner Art, wo das auf engsten Raum zusammengedrängte elementarische Bedürfnis nach dem Genuß des Lebens schwer zu analysierende Mischungen aus Resten von Rotwein und Schnaps und irgendwelchen Farbstoffen und Parfums zusammengießt. – Es ist eine materielle Katastrophe, durch die man reist; und man darf sich nicht die oder jene Route in den Kopf setzen, sondern fahren je nach Gelegenheit; das schlimmste an Eingekeiltheit und Warten übernächtigter Menschenmassen – viele Frauen mit Kindern dazwischen und auch zahllose Verwundete mit zum Teil großen und komplizierten Verbänden – hab' ich auf dem Bahnhofe zu Regensburg gesehen.

Mittwoch, 11. April, Raum Berlin
Heinz B. an seine Familie in Berlin

Liebe Eltern, liebes Renatchen!

Die Post hat sich ja mächtig angestrengt, um unsere Briefe schnell zu befördern. Na, die wollen noch vor Kriegsende alles schnell aufarbeiten. Eine Woche war dieser Brief unterwegs. Der Postanfall ist ja auch viel geringer geworden, nachdem ja wohl die Hälfte Deutschlands weg ist.

Wann macht man nun mit diesem Wahnsinn Schluß. Es ist doch jetzt alles so sinnlos geworden. Man sollte noch versuchen zu retten, was zu retten ist. Aber diese Kriegsverbrecher opfern lieber ganz Deutschland, um ihr Leben um einige Wochen, jetzt sind es vielleicht nur noch Tage, zu verlängern. Das ist die Regierung, die alles nur für das Volk tut. Hitlers Ausspruch »in zehn Jahren werdet ihr Deutschland nicht mehr wiedererkennen« hat sich bewahrheitet. Das ist aber das einzige von allen seinen Prophezeiungen.

Mir geht es den Umständen entsprechend recht gut. Die Verpflegung reicht gerade noch so hin. Also hungern brauchen wir nicht. Ich wünschte nur, Ihr hättet auch genug. Hier kommen täglich viele Berliner vorbei, die alle Kartoffeln kaufen. Wie man erzählen hört, muß es ja schlimm dort sein. Mit den neuen Karten kann man wohl auch verhungern. Na, ich rechne damit, daß diesen Monat Schluß ist. Macht Euch um mich keine Sorgen, ich passe schon auf.

Nun hat Spandau auch seinen Teil abbekommen. Ich bin nur froh, daß Ihr verschont worden seid. Übersteht noch die letzten Tage gut.

Herzliche Grüße Euer Heinz.

Mittwoch, 11. April, Nagold
Tagebuch Elisabeth Dünkelsbühler-Schaible

Der Führer habe gestern Nacht zu den Soldaten gesprochen: »Habt noch ein paar Tage Geduld und ich helfe Euch.«

Alles wird gleich wieder schwankend, gleich wieder bereit, zum Führer zu stehen. Dabei steht der Feind tief im Land, die Städte liegen in Trümmern, ein grosser Teil der Männer ist gefallen oder in Gefangenschaft.

Himmler hat heute gesprochen: Es gebe weder offene noch Lazarettstädte. Jeder Ort müsse verteidigt werden.

Heute Nacht war Versammlung. Die Frau des Arztes Dr. Ve. hat erklärt, *sie* werde schiessen. Schweigen in Gegenwart der SS-Ehefrau. Noch ist die Partei am Ruder.

Beim Einmarsch sollen wir die Fensterläden schließen und uns in den Häusern halten. *»Eine Mauer um uns baue!«*

Mittwoch, 11. April, Carlowitz bei Breslau
Tagebuch Hugo Hartung

Ich bekomme einen Marschbefehl nach Carlowitz und vermute zunächst, daß ich dort an der Nordfront, am Flüßchen Weide, eingesetzt werden soll. Aber irgendjemand hat sich daran erinnert, daß ich früher einmal Konzerte und Bunte Abende durchgeführt habe, und nun holt man mich tatsächlich zu einer Art Frontbetreuung.

Mit einem Lkw werde ich zu einem Befestigungswerk nördlich des hübschen Villenvororts gefahren. Einen Augenblick lang könnte man meinen, es gäbe doch so etwas wie eine »Festung« Breslau. Aber diese gemütlichen alten Kasematten haben mit der modernen Kriegführung nichts zu tun. In ihren Gängen riecht es verlockend nach Kaffee und Streußelkuchen.

Soldaten aus der vordersten Frontlinie, den Karabiner im Arm, sind das Publikum, vor dem ich Gedichte von Wilhelm Busch sprechen soll. Aber es gibt noch etwas viel Hübscheres:

Ein Streichtrio hat sich eingefunden, das im Freien klassische Wiener Musik spielt. Zu dem wehenden Feldergrün, den blühenden Apfelbäumen am Straßenrand und dem Grün junger Birken paßt der »Frühlingsstimmenwalzer« von Johann Strauß. Unser stimmgewaltiger Heldentenor K. singt italienische Arien, mit denen wiederum der tiefblaue Himmel dieses Frühlingstages wunderbar harmoniert.

Hier könnte man einmal wieder Krieg und Belagerung vergessen, wenn nicht hinter den frühlingshellen Feldern schreckhaft die Kulisse der Stadt Breslau stünde, mit den schwarzen Rauchtürmen ihrer großen Brände.

Mittwoch, 11. April, Kirchhorst bei Hannover
Tagebuch Ernst Jünger

Von einer solchen Niederlage erholt man sich nicht wieder wie einst nach Jena oder nach Sedan. Sie deutet eine Wende im Leben der Völker an, und nicht nur zahllose Menschen müssen sterben,

Das zerstörte Breslau

sondern auch vieles, was uns im Innersten bewegte, geht unter bei diesem Übergang.

Man kann das Notwendige sehen, begreifen, wollen und sogar lieben und doch zugleich von ungeheurem Schmerz durchdrungen sein. Das muß man wissen, wenn man unsere Zeit und ihre Menschen erfassen will. Was ist Geburtsschmerz, was ist Todesschmerz bei diesem Spiel? Vielleicht sind beide identisch, wie ja der Sonnenuntergang zugleich auch Sonnenaufgang für neue Welten ist.

»Besiegte Erde schenkt uns die Sterne.« Dies Wort wird räumlich, geistig und überirdisch in unerhörtem Sinne wahr. Die äußerste Mühe setzt ein äußerstes, noch unbekanntes Ziel voraus.

Donnerstag, 12. April, Frankfurt am Main
Tagebuch Emilie Braach

Endlich, am 29. März, kam der Tag unserer Befreiung. Da stand die kleine Oma auf einem Stuhl, um aus der Dachluke den Einzug der Amerikaner in Homburg zu beobachten. Ab und zu hüpfte sie vor Freude, und sie rief nur immer wieder: »Sie kommen! Sie kommen!« Da löste sich der Bann, und es war, als seien wir nach 13 Jahren Festung wieder freie Menschen. Es ist schwer, ein solches Gefühl in Worte zu fassen. Nur eines: Das Haßgefühl gegen die Verbrecher, die Millionen von unschuldigen Menschen ums Leben brachten, ist größer denn je. Ich wußte nicht, daß ich so hassen kann und kann es kaum erwarten, bis die Verbrecher, die großen wie die kleinen, ihre Strafe finden. Vor allem aber: Das Volk *muß* aufgeklärt werden, es muß wissen, was sich alles zugetragen hat. Ich hoffe, es wird Journalisten geben, die das in der richtigen Weise tun werden. Sonst werde ich es tun, bestimmt. Eine Zeitschrift gründen oder so etwas.

Donnerstag, 12. April, Pacific Palisades, Kalifornien/USA
Tagebuch Thomas Mann

Empfingen nachmittags mit tiefer Bewegung die Nachricht vom Tode Franklin Roosevelts. Improvisierte Radio-Äußerung lehnte ich ab. Mit K. und der Kahn Redaktion eines längeren Telegramms an Mrs. Roosevelt. Hörten im Lauf des Abends viel dem Radio zu, ergriffen von Huldigungen und Trauerkundgebungen aus aller Welt. Die Erschütterung ist groß. Merkwürdige Verbeugung des japanischen Radios vor dem »großen Mann«. Vice-President Truman als Präsident eingeschworen. Der Termin für San Francisco bleibt bestehen. Der neue Präsident behält den Mitarbeiter-Stab des verblichenen. – Détails über seinen Tod. Plötzliche Schmerzen im Hinterkopf, Ohnmacht und Stillstand nach ein paar Stunden.

Freitag, 13. April, Basel
Karl Barth an Hermann Heisler in Agra bei Lugano

Nicht bei Bismarck und Hitler, sondern in der Anfälligkeit der deutschen Intelligenz für Bismarck und Hitler liegt das deutsche Problem: in der eigentümlichen Weichheit oder Wendigkeit, die es dem deutschen Geist bisher nicht nur möglich, sondern geradezu notwendig machte, als Geist zum Ungeist zwar im Geheimen Nein, in der Öffentlichkeit aber Ja zu sagen, in seiner eigentümlichen Fähigkeit, bei vollem Bewußtsein in zwei genau entgegengesetzten Reichen zu leben. Daß man in diesen Kreisen gerade diesmal, als das Unheil im Lauf war – und um so mehr, je eifriger es seiner Vollendung entgegenstrebte –, das Begonnene bedauerte und bereute, im Einzelnen treu und tapfer an Juden und Kriegsgefangenen dies und das gutzumachen versuchte und sich im Stillen wohl auch über den Vormarsch der Alliierten freute, das weiß ich aus vielen Quellen. Wie habe ich neulich aufgeatmet bei der Nachricht, daß bei dem Rheinübergang von Remagen endlich auch deutsche Hände zur deutschen Befreiung einen aktiven

Beitrag geliefert haben, und wie würde ich mich als einstiger Bonner Professor freuen, wenn es wahr sein sollte, daß es eine Bonner Studentengruppe gewesen sei, deren Wirksamkeit dort ihre Früchte getragen habe! Sie werden aber mit mir einig sein darin, daß solche einzelne und späte Zeichen der Umkehr bei aller Echtheit das nicht gutmachen können, daß der deutsche Geist dem deutschen Volk gerade die »konstruktive« Leistung, die er ihm in den Jahren zwischen 1860 und 1890 und dann wieder gegenüber dem Aufsteigen, Großwerden und Überhandnehmen der hitlerschen Usurpation schuldig war, schuldig geblieben ist. 1933 habe ich eben die Masse gerade der Bonner Professoren und Studenten leider ganz, ganz anders beschäftigt gesehen. [...]

Sie neigen im Augenblick dazu, das ganze heutige Weltgeschehen unter dem Gesichtspunkt eines circulus vitiosus zu sehen: eine Unmenschlichkeit, eine Gewaltsamkeit gegen die andere, Mord gegen Mord. Ist die Sache so einfach? Es ist traurig, aber es ist leider wahr, daß die Abwehr der nationalsozialistischen Drohung nur in der Form eines allgemeinen Krieges gegen das nationalsozialistische Deutschland – neben dem ein anderes nicht wirksam auf dem Plane war – möglich werden konnte. Und es ist noch trauriger, aber leider wieder wahr, daß die außerordentliche, alle Spielregeln durchbrechende Gestalt der nationalsozialistischen Drohung eine außerordentliche Form auch ihrer Abwehr, daß der in Deutschland erfundene und zuerst von Deutschland praktizierte totale Krieg den totalen Krieg gegen Deutschland nötig machte. Das Volk, das Hitler wählte, hat es eben damit auch gewählt, den totalen Krieg zu führen und zu erleiden. Es hat die Strategie insbesondere der westlichen Alliierten – Zerstörung der vom ganzen deutschen Volk in Bewegung erhaltenen Kriegsmaschinerie unter möglichster Schonung des eigenen Menschenbestandes, d.h. unter Vermeidung der Schlächtereien, an denen sie 1916–1918 fast verbluteten – damit geradezu gerufen. Daß dabei nun so viele deutsche Menschen ihr Leben lassen müssen, ist entsetzlich. Ich halte das aber – obwohl es auch Engländer und Amerikaner gibt, die dieser Meinung sind und sie laut genug zum Ausdruck bringen – nicht für richtig, die-

se Sache als »Mord« zu bezeichnen, die alliierten Flächenbom-
bardemente mit Oradour und Auschwitz in eine Linie zu rücken.
Daß es sich bei der Ausrottung der Bauern von Oradour und der
Juden von Auschwitz wie bei der Bombardierung der deutschen
Industrie- und Verkehrszentren um die kriegsnotwendige Bre-
chung des Angriffs und Widerstandes eines total kriegsmobili-
sierten Volkes gehandelt habe, das kann man eben bei allem auf-
richtigen Leid um alle die deutschen Betroffenen nicht sagen.
Aber worauf es mir ankommt, ist wirklich nicht eine Verteidigung
der alliierten Kriegsführung, wohl aber die herzliche Bitte, es
möchte doch von deutscher Seite auch angesichts der Schrecken,
die dieser Krieg nun auch für Deutschland selbst gebracht hat,
das kleine, aber immerhin beachtliche Licht der Tatsache nicht
einfach ausgelöscht werden, daß er von den Anderen 1939 nach
verzweifelt langem Zögern dazu unternommen wurde, um der
prinzipiellen Tyrannei der Anarchie, die von Deutschland aus die
ganze Welt zerstören wollte, einen Damm entgegenzusetzen.
[. . .] Was Hitler im deutschen Volk und mit Hilfe des deutschen
Volkes in der übrigen Welt anrichten wollte, durfte unter gar keinen denkbaren Umständen Wirklichkeit werden. Es wird nun
nicht Wirklichkeit werden. Ein gegen die Menschheit – auch und
zuerst gegen die Menschheit in Deutschland – gerichtetes Attentat sondergleichen ist nun abgewehrt. Der Krieg war das Opfer,
das dafür zu bezahlen war. Es konnte nach der Logik des ganzen
Vorgangs nicht wohl anders sein, als daß Deutschland nun besonders schwer an diesem Opfer beteiligt ist. Es scheint mir aber,
daß billig und würdig denkende Deutsche das nicht zum Anlaß
nehmen sollten, jenes Attentat und den zu seiner Abwehr geführ-
ten Krieg in einen Topf zu werfen.

Auf derselben Linie möchte ich Sie warnen dürfen vor der Vorstellung, als könnte und dürfte das, was die Alliierten nach
ihrem Sieg mit den Deutschen vorhaben, zum vornherein als
eine große Revanche perhorresziert werden. Ich verstehe sehr
wohl, wie diese Vorstellung jetzt in Deutschland Platz greifen
kann: Man sieht sich selbst direkt oder indirekt mit Schuld beladen, als den Unterdrücker und Beleidiger von so viel Anderen;

man kann es sich nicht anders vorstellen, als daß die Woge der deutschen Untaten nun zurückschlagen werde, daß jene Anderen nun Gleiches mit Gleichem vergelten wollten, und nun liebt man es fast, sich das im voraus mit einer gewissen grausamen Eindringlichkeit auszumalen – weil man sich als Opfer solcher Vergeltung den Anderen gegenüber bereits wieder relativ im Recht, oder doch in der gleichen Verdammnis des Menschlichen, Allzumenschlichen, zu sehen begehrt. Das ist aber kein gesunder Gedankengang, lieber Herr Dr.! Daß es jetzt auf alliierter Seite – wegen der V-Bomben neuerdings sogar in England – allerlei Haß- und Rachegeschrei gibt, ist nicht zu leugnen. Und daß es im Osten und – wenigstens im französischen Bereich – vielleicht da und dort auch im Westen auch zu allerhand Racheakten kommen könnte und schon gekommen ist, halte ich nicht für ausgeschlossen. Um von dem befreiten Sklavenheer der 12 Millionen Fremdarbeiter gar nicht zu reden! Sie irren sich aber bestimmt, wenn Sie damit rechnen, daß das Verhalten des maßgebenden Amerika und England auf den Nenner »Rache und Vergeltung« zu bringen oder daß auch nur Stalin dort zu suchen sein wird. Kein ernsthafter und verantwortlicher Mensch denkt an so etwas wie die Ausrottung des deutschen Volkes oder an die Knebelung der deutschen Wissenschaft. Daß man gewisse bisherige Vertreter der deutschen Wissenschaft einladen wird, sich für den Rest ihrer Tage lieber privaten Studien zu widmen, ist allerdings möglich, könnte aber doch auch in Ihren Augen kein absolutes Unglück sein.

Freitag, 13. April, Amsterdam
Tagebuch Max Beckmann

Ja, Ja, ich weiß es geht zu Ende mit mir und mit Germany was nützt und schadet es schon. – Immer die alte Leier – das alte Lied. – Trotz schöner Stunden bei Lütjens. Nachmittag Besuch vom kleinen C. der mir keine schöne Zukunft zeigte ... Überall höchste Erschlaffung. Engländer in Apeldoorn. Krieg an der Elbe – Halle, etc. –

Freitag, 13. April, Köln
Tagebuch Robert Grosche

Gestern abend Gespräch mit Adenauer, der von meinem Vorhaben gehört hat, mich im Namen des Klerus gegen die unter-
schiedslose Behandlung der Parteigenossen durch die Amerikaner einzusetzen. Adenauer glaubt, mich dringend davon abhalten
zu müssen: einmal, weil der Schritt wirkungslos sei, was ich auch
einsehe; dann aber, weil er überhaupt unangebracht sei, denn alle diese Parteigenossen seien schuldig durch ihre Feigheit; wenn
sich das deutsche Volk von Anfang an gewehrt hätte, so wäre die
ganze Geschichte unmöglich gewesen. Ich widerspreche dem
und bringe Beispiele, wo nicht Feigheit der Grund für einen Ein-
tritt in die Partei gewesen ist, sondern das Bemühen zu retten,
Einrichtungen vor nationalsozialistischer Durchseuchung zu bewahren, z. B. den christlichen Geist einer Schule zu erhalten. Ein
solch unterschiedsloses Vorgehen ist ungerecht. Es wirft Schul-
dige und Unschuldige wirklich in einen Topf, mag sein, daß Un-

Die 1. französische Armee besetzt am 13. April Baden-Baden

wissenheit oft schlimmer ist als Bosheit, wie wir einmal in einem Aufsatz auf der Prima zu beweisen versucht haben. Wir müssen uns im Namen der Gerechtigkeit gegen ein solch unterschiedsloses Vorgehen wehren. Weiter: Es ist auch falsch, wenn Adenauer glaubt, ein solches Vorgehen werde vom Volke gebilligt. Das Volk will die Bestrafung der schuldigen Parteigenossen; aber es würde meines Erachtens nicht nur bei den Betroffenen selbst, sondern im ganzen Volk Empörung auslösen, wenn alle Parteigenossen etwa in geschlossenem Zug zum Arbeiten abgeführt würden. Bei den wenigen aber, die sich darüber freuen würden, würde es eine Förderung ihrer Rachegefühle bedeuten, die wir gerade verurteilen müssen. Es wird dadurch einigen Rachsüchtigen eine billige Genugtuung verschafft, aber bei vielen gerecht Denkenden Empörung geweckt. So muß auch im Namen des Christentums gegen eine solche Behandlung Verwahrung eingelegt werden. Endlich im Interesse der Volkswohlfahrt, denn es werden dadurch wertvolle, zum Aufbau bereite Kräfte dem Volksganzen entzogen.

Heute morgen meldet der Rundfunk, daß Präsident Roosevelt am Gehirnschlag plötzlich gestorben ist. So hat er den letzten Sieg nicht mehr erlebt. Ich will morgen zum Stadtkommandanten gehen, um ihm im Namen des Kölner Klerus das Beileid auszusprechen.

Freitag, 13. April, Carlowitz bei Breslau
Tagebuch Hugo Hartung

Für den heutigen Abend ist im Festsaal des Seminars eine Feierstunde besonderer Art angesetzt. Der Oberst verleiht Auszeichnungen, Eiserne Kreuze und Kriegsverdienstkreuze. Danach singt wieder K., unser Kammersänger und Gefreiter, und ich muß Gedichte von Schiller, Goethe, Eichendorff und Fontane sprechen.

Am Schluß aber begibt sich etwas Spukhaftes: Junge Frauen und Mädchen werden als Kampfhelferinnen vereidigt. Sie müssen den üblichen Soldateneid sprechen und sollen, wie es heißt,

an der Nordfront an Geschütze gestellt werden. An dem Flak-
geschütz vor der Seminarmauer fand ich am Nachmittag drei-
zehn- bis fünfzehnjährige Jungens in Stahlhelmen als Geschütz-
bedienung eingesetzt...

In der Nacht trete ich noch einmal vor das Haus. Dort steht
eine Gruppe von Offizieren beisammen. Einer von ihnen berichtet, daß er beim Festungskommandeur, General Niehoff, gewesen sei, und daß dieser noch immer auf einen Entsatz der Festung hoffe. Feldmarschall Schörner habe versprochen, uns aus
dem Ring herauszuholen, »und wenn er zu Fuß nach Breslau
laufen müsse«. Eine Nachtigall flötet im Seminargarten.

Freitag, 13. April, Italien
Tagebuch Martin Hauser

Unser Sieg nimmt immer greifbarere Formen an. Das Ruhrge-
biet ist umzingelt und jetzt völlig erobert, Holland fast völlig frei,
die Elbe zwischen Hamburg und Magdeburg überschritten,
Braunschweig erobert, Leipzig und Dresden bedroht. Die Russen haben Wien erobert, ferner Danzig und Königsberg und
Brünn, sind tief in der Tschechei. Eine Vereinigung von West und
Ost würde Deutschland in zwei Teile schneiden. Die Beute an
Gefangenen und Material ist enorm. Seit drei Tagen ist auch die
Frontlinie in Italien wieder in Bewegung. Hoffentlich machen
wir jetzt wirklich ernst und begnügen uns nicht mit halber Arbeit. Die italienische Campagne ist sowieso kein Ruhmesblatt in
der Geschichte dieses Krieges.

Ich war wieder auf Suche nach jüdischen Familien in kürzlich
eroberten Gebieten. In einem Städtchen, wo vor dem Kriege
15 bis 20 jüdische Familien lebten, fand ich jetzt drei. Unsere
Hoffnung, irgendwo im Norden noch große jüdische Gemein-
den zu finden, ist sehr gering. Die Deutschen haben zu viel Zeit
gehabt, alle arbeitsfähigen Männer, Frauen und Kinder abzu-
transportieren. Nur ganz wenige konnten sich in die Klöster retten, – hier drei, dort zwei; ein trauriges Bild.

Samstag, 14. April, Erfurt
Tagebuch Annemarie Meckel

Vormittags die ersten Amerikaner. Langsam erst kommen sie, mit Maschinenpistolen nach allen Seiten, die Straße hinabgefahren. Doch bald spielen sie an der Ecke Fußball. Zunächst Erlösung von der ganz primitiven Angst. Die Kinder vor allem sind befreit und voller brennendem Interesse an allem was vorgeht. »Nun ist Frieden«, sagen sie benommen. Sofort setzt ein widerlicher Kampf um Lebensmittel ein. Ich versuche, etwas durch Anstehen zu bekommen. Die Stadt, ein niederdrückender Eindruck, ein wahres Babylon, ein Gemisch unbeschreiblicher Gestalten, die Deutschen nicht die besten unter ihnen. Große Ungewißheit über Gerüchte, die Russen kämen hierher. Es

Amerikanische
Verbände
erobern
am 18. April
Magdeburg

scheint, daß Ruhe etwas ist, das nie wieder kommen soll. Am besten tut noch dieses tägliche Schreiben, man kann sich dahinein zurückziehen und der Unwirklichkeit dieser Wochen die kleinen gewöhnlichen Wirklichkeiten entgegensetzen. Vielleicht, um es einmal mit E. zusammen zu lesen?

Sonntag, 15. April, Berlin
Tagebuch Dieter Borkowski

Mittags fuhren wir mit einem völlig überfüllten S-Bahn-Zug vom Anhalter Bahnhof ab. Mit uns im Zug waren viele Flüchtlingsfrauen aus bereits von den Russen besetzten Gebieten im Osten Berlins, die ihre ganze Habe bei sich führten: einen prallen Rucksack. Sonst nichts. Das Grauen stand in den Gesichtern, Zorn und Verzweiflung erfüllte die Menschen. Noch niemals habe ich solch ein Schimpfen gehört! [...]

Verletzte Soldaten und Flüchtlinge auf einem Zugdach im Anhalter Bahnhof in Berlin

Da brüllte inmitten des Lärmens jemand mit überlauter Stimme: »Ruhe!« Wir entdeckten einen kleinen verdreckten Soldaten, an der Uniform beide Eisernen Kreuze und das Deutsche Kreuz in Gold. Am Ärmel trug er vier kleine Panzerwagen aus Metall, was bedeutet, daß er die vier Panzer als Einzelkämpfer abgeschossen hatte. »Ich will euch mal was sagen...«, schrie er, und im S-Bahn-Zugabteil trat Ruhe ein. »Auch wenn es euch nicht passen sollte! Hört endlich auf zu jammern! Wir müssen diesen Krieg gewinnen, wir dürfen nicht schlappmachen. Denn wenn die anderen siegen und die Russen, Polen, Franzosen und Tschechen nur zu einem kleinen Prozent das mit unserem Volk machen, was wir sechs Jahre lang mit ihnen gemacht haben, dann lebt in wenigen Wochen kein einziger Deutscher mehr. Das laßt euch von einem gesagt sein, der sechs Jahre dabei war in den besetzten Ländern!« Es war ganz still geworden im Zug. Man hätte eine Stecknadel fallen hören können.

Sonntag, 15. April, Kleinaga bei Gera
Tagebuch Elfriede Jahn

Gestern Abend soll der Führer gesprochen haben, – noch immer voller Siegeszuversicht, – wenn man die Hunderte von Panzern + Fahrzeuge der Amerik. sieht, kann man es fast nicht glauben. – An der Oder ist der Russe zu neuer Offensive angetreten, – der Ami ist schon ü. die Elbe b. Magdeburg in Richtung Berlin u. am 20. April erwartet man wohl die letzte große Schlacht. – Als Deutscher – nicht als Nationals.[ozialist], hoffe ich noch immer auf eine Schicksalswende. – Der Fichte Ausspruch fiel mir ein, als ich heute durch das Dorf fuhr u. überall die weißen Fähnchen sah, Zeichen der Erniedrigung –: »Nichtswürdig ist die Nation, die nicht Alles setzt an ihre Ehre«, – deshalb brauche ich nicht wie ein »Werwolf« zu kämpfen aus dem Hinterhalt, aber um meine deutsche Eigenart und Sitte kämpfe ich durch Gebärde u. Verhalten dem Feind gegenüber.

Dienstag, 17. April, London
Ernst Gundolf an Karl Wolfskehl in Auckland/Neuseeland

Aber was soll man sagen ohne bestimmten Anstoß, wenn alles äußere in allen Zeitungen steht und das innere einförmig und leer ist – wenigstens bei mir. All diese Jahre waren und sind ein Leben auf die Zukunft hin: wenn man noch einmal die alten Freunde sehen wird. (Die neuerworbenen gehören nicht mehr so zu unserem Leben.) Wenn das nicht mehr glückt, scheinen sie sinnlos und in weitere Zukunft kann und mag ich nicht denken.

Mittwoch, 18. April, Aalborg/Dänemark
Tagebuch Heimito von Doderer

Tabula rasa. Ich hab am 14. April beim Frühstück geschrieben, ich sei mir plötzlich über meine Heimatlosigkeit klar geworden. Diese Klarheit ist im Begriff, sich noch zu erweitern: denn ich muß sehen, daß ich in den letzten vierzehn Tagen aus allen Zusammenhängen und Kontakten meines Lebens äußerlich gelöst worden bin. Hierher in den Norden verschlagen; Wien von den Russen umschlossen; vom bayrischen und vom österreichischen Lebenskreise durch die Riesenflut des Krieges getrennt; von meinen Freunden, von jeder Post und Nachricht für unbestimmte, ja wahrscheinlich für lange Zeit abgeschnitten; ohne Verbindung mit meinem Lehrer; ohne Verbindung mit meinem Verleger; als literarische Person im äußerlichen Sinne ausgelöscht; weite Provinzen meines Daseins, von welchen her sonst ein ständiger Zustrom der Angelegenheiten aller Art erfolgte, wie versunken und statt dessen ausgedehnte Lücken in meiner Kenntnis – ja, dies äußere Leben im Überblick als eine einzige Lücke sich gleichsam leer darbietend! ... viel ist über Bord gegangen, freilich nur exoterisch. Welche neue Fracht wird die »René Stangeler« laden? Aber ich fühl's: so etwa muß es sein vor der Klimax und das nächste Gericht wird wohl auf einer Ta-

bula rasa serviert werden ... Erst dann darf alles verwandelt wie-
derkehren. Und ich empfinde, trotz meiner verlorenen und ver-
schollenen Lage, etwas wie eine große Chance ...

Mittwoch, 18. April, Komotau/Böhmen
Kurt H. an seine Frau in Leipzig

Vorigen Donnerstag und Freitag war ich mit zur Bewachung
außerhalb Komotaus. Das KZ Lager Buchenwald bei Weimar
war hier durchgefahren (Sonderzug mit 60 *offenen* Waggons).
In jedem Waggon etwa 90 Häftlinge. Wir mußten 2 Tage und

Jüdischer Junge
nach der
Befreiung des
KZ Buchenwald

Nächte die ermüdete SS-Wachmannschaft ablösen. Ich habe gewacht von 20 h bis mittags 1 h, das waren 17 Stunden *ohne* Ablösung. Doppelschnitte mit Wurst gab es, abends erst ein Essen. Am 2. Tage 2 Doppelschnitten, sonst nichts. 3 Stunden mußten wir dann zu Fuß nach Komotau zurück. Ein Staucher waren die 2 Tage. Bilder – Bilder – gab es zu schauen, schaurig! Lieber tot als solch KZ. Jeden Tag starben welche. Wir hatten Befehl rücksichtslos scharf zu schießen. *Ich selbst* habe das bei meinem Waggon nicht gebraucht. Bin froh!

Mittwoch, 18. April, Mayrhofen/Österreich
Tagebuch Erich Kästner

Gestern erschien in der Zeitung ein Tagesbefehl Hitlers »An die Soldaten der deutschen Ostfront!« Was soll die Truppe mit dem Quodlibet anfangen? Das Argument gegen die Niederlage erinnert an Christian Morgensterns Herrn von Korff, der seinen Verkehrsunfall bestreitet, »weil nicht sein kann, was nicht sein darf«. Solche Aussprüche mögen den behandelnden Arzt interessieren und den Krankheitsbericht bereichern. Als Parolen für die Front sind sie zumindest untauglich. Ich notiere ein paar Sätze. »Der Bolschewist wird diesmal das alte Schicksal Asiens erleben, das heißt: Er muß und wird vor der Hauptstadt des Deutschen Reiches verbluten.« »Wenn in diesen kommenden Tagen und Wochen jeder Soldat an der Ostfront seine Pflicht tut, wird der letzte Ansturm Asiens zerbrechen, genauso, wie am Ende auch der Einbruch unserer Gegner im Westen trotz allem scheitern wird.« »Bildet eine verschworene Gemeinschaft zur Verteidigung nicht des leeren Begriffes eines Vaterlandes, sondern zur Verteidigung unserer Heimat!« Was ist des Deutschen Vaterland? Ein leerer Begriff? Welch neue Instruktion in letzter Minute! Genauso bedenklich mutet eine andere Instruktion an. »Achtet vor allem auf die verräterischen Offiziere und Soldaten, die, um ihr erbärmliches Leben zu sichern, in russischem Sold, vielleicht sogar in deutscher Uniform, gegen uns kämpfen werden! Wer euch Befehle zum Rückzug gibt, ohne daß ihr ihn genau kennt, ist sofort festzunehmen und nötigenfalls augenblicklich umzulegen, ganz gleich, welchen Rang er besitzt!«

Und zum Schluß noch ein Glaubensartikel: »Im Augenblick, in dem das Schicksal den größten Kriegsverbrecher aller Zeiten von dieser Erde genommen hat, wird sich die Wende des Krieges entscheiden.« Mit dem »größten Kriegsverbrecher aller Zeiten« ist Roosevelt gemeint.

Mittwoch, 18. April/Donnerstag, 19. April, Kutzer/Ostpommern
Tagebuch Käthe von Normann

Es waren noch eine ganze Anzahl Frauen da, mit denen ich in ein politisches Gespräch geriet, das für mich recht schmerzlich war. Alle Frauen waren Nazis, die nur den »Verrat« als Ursache der Niederlage ansahen, und schließlich schimpften sie laut auf alle Majore und Gutsbesitzer. Der einzige Trost in ihrem trostlosen Leben schien zu sein, daß wir »Geschnappten« jetzt auch mitarbeiten müßten. Als ob wir früher nicht gearbeitet hätten!

Donnerstag, 19. April, Jerusalem
Tagebuch Schmuel Hugo Bergman

Am Abend hörten wir fast eine Stund lang Radio, die Einweihung des neuen Bischofs von Canterbury, Fisher, und dann grausige Berichte über die Lager von Buchenwald und Bergen-Belsen (60 Meter langer Haufen von Leichen!) und dann Bericht darüber, daß man die Leute von Weimar gezwungen hat, das Lager von Buchenwald zu sehen und die Kriegsgefangenen durchgeführt hat, und daß Churchill auf Wunsch von Eisenhower sofort eine Delegation des Parlaments und der Lords dorthin schickt, um die Lager zu sehen. Die Tatsachen, die sie gesehen haben, scheinen ja elektrisierend auf die Amerikaner und Engländer gewirkt zu haben. – Dann noch zur Feier von Hitlers 50. [56.] Geburtstag eine Rede, wo immer wieder Goebbels Worte »Vertraut ihr dem Führer?« aus dem Sportpalast durchklangen durch alle die Reden Hitlers durch die Jahre hindurch, als ein bitterer, furchtbarer Hohn.

Freitag, 20. April, Hamburg
Tagebuch Erika S.

Und nun noch etwas. Die Nazihäuptlinge aus meiner Klasse benehmen sich ganz schändlich feige. Die Adschebilder [Adolf-Hitler-Bilder] haben sie abgenommen, verbrannt, und suchen Ersatz für die kahlen Flecken an der Wand [...], Lisa K. verbrennt schon alle Parteipapiere, Führerinnendienst usw. und hat Angst, wenn ihre Jungmädel sie immer noch mit »Heil Hitler« grüßen. Und Gertrud B., die tatsächlich immer noch an das Gute bei dem »Nazismus« geglaubt hat, ist aus allen Träumen gerissen und weiß nicht, was sie noch glauben soll. Ich habe sie ein wenig aufgehetzt und ihr manches erzählt, was ihr Abscheu vor diesen Verbrechern einflößen kann. So gewinnt man Menschen, die wir nachher nötig gebrauchen.

Freitag, 20. April, Kriegsgefangenlager in Texas/USA
Tagebuch Kurt G.

Vor dem Frühstück wird ein Appell des Lagerführers verlesen. Er gedenkt in packenden Worten des Geburtstages des Führers, gedenkt des tapferen Kampfes unseres Volkes und ruft die Schwachen auf, sich an ihnen ein Vorbild zu nehmen. Die Starken aber weiter fest im Glauben an das eigene Volk zu bleiben, in der festen Gewißheit, daß das deutsche Volk am Ende doch siegen werde. Der Aufruf schloß mit einem »Sieg Heil« auf den Führer.

In den Mittagsnachrichten hören wir, daß in den beiden ersten Tagen der russ. Offensive fast 800 Panzer abgeschossen wurden. Erstmalig wird ein Vorstoß der Amis auf Dessau gemeldet.

Freitag, 20. April, bei Ansbach
Tagebuch Margarete B. Heilers

Für uns ist der Krieg aus. Die Amerikaner sind da! Daß ich mal fremde Menschen als »Befreier« begrüßen müßte, hätte ich mir auch nie träumen lassen.

Ich habe mich sofort als Dolmetscherin zur Verfügung gestellt und werde bei Sprachschwierigkeiten immer geholt. Viele Amerikaner sprechen ausgezeichnet deutsch, weshalb ich schon ein paarmal gefragt habe, woher das käme. Erst wollten sie nicht mit der Sprache heraus, doch, wenn ich ihnen erzählte, daß mein Mann im Konzentrationslager wäre, tauten sie auf.

Die zerbombte Innenstadt von Nürnberg am 20. April

Im allgemeinen sind es Emigranten, die die amerikanische Staatsbürgerschaft errungen haben und dann eingezogen wurden.

Freitag, 20. April, Jettingen bei Günzburg
Tagebuch Ursula von Kardorff

Hitlers Geburtstag! Fragte mich bei der Rede von Goebbels, die ich mir zum erstenmal freiwillig anhörte, ob dies schon Irrsinn oder einfach Raffinesse ist, ob er kaltblütig eine Doppelrolle spielt? Parteigrößen begehen Selbstmord, weit mehr als die Hälfte Deutschlands ist besetzt. Die Ostfront rückt unaufhaltsam vor. Fürstenwalde, Eberswalde, Müncheberg sind gefallen. Tag und Nacht Bomben auf alle Gebiete, selbst auf friedliche Dörfer, auch in unserer Nähe. Und Goebbels redet, als ständen wir kurz vor dem Sieg.

Die Entdeckung des KZ Oranienburg ruft bei den Alliierten unvorstellbares Entsetzen hervor. Ich hörte es im englischen Rundfunk. Was jetzt zutage tritt, muß über alle Maßen grauenhaft sein. Selbst wir, die in Berlin viel erfuhren und noch mehr ahnten, sind fassungslos. Unsere Phantasie hat also doch nicht ausgereicht.

Daß die Leute vom 20. Juli, die die Lager öffnen wollten, dies nicht vollbringen konnten! Wie viele Menschen mußten in den letzten acht Monaten dort noch sterben. Wie viele Städte wurden noch zerstört.

Freitag, 20. April – Donnerstag, 26. April, Berndorf bei Kemnath/Oberpfalz
Tagebuch C. F. W. Behl

Am 20. April wurde nach Beseitigung der Panzersperren Kemnath von den Amerikanern eingenommen. Eine nächtliche Kanonade schien weiter entfernt gewesen zu sein, als der Schall glauben machte. So war ich überrascht, als ich morgens von der

kleinen Wegerhöhung hinter unserem Gasthaus, die den Blick
nach Kemnath freigibt, die Stadt unversehrt vor mir liegen sah.
Wir machten uns gleich auf den Weg, um die Lage zu erforschen.
Als wir höher kamen, sahen wir außen schon die ersten weißen
Fahnen von den Häusern wehen. Wie wir hörten, war schon in
der Nacht das letzte deutsche Militär abgezogen worden, und
beherzte Frauen sollen die Panzersperren beseitigt haben.

Unser Leben in Berndorf geht aber so weiter. Da die Ausgeh-
beschränkung keine Aussicht auf Erleichterung bietet, sitze ich
lesend oder schreibend in der Gaststube. Man lebt in einem ge-
steigerten Wartezustand, der auf die Dauer quälend wird, zumal
man von Post, Zeitung, Radio völlig abgeschnitten ist.

Samstag, 21. April, Auerbach/Vogtland
Tagebuch Günther B.

Wieder wurde Auerbach beschossen. [...] Bei unserer Umgebung schlugen sie alle ins freie Feld. Gekracht hat es mächtig.
Mich hat es bald beim ersten Schlag vom Abort gehauen. Der
Dreck von den Einschlägen graupelte auf unserem Dach. Unter
Ari [Artillerie] Beschuß wurde vormittags bei uns gebadet. Wir
hören im Keller nicht viel von dem Ari Feuer. Käte schläft in der
Badewanne und Mama, Alfred und ich auf dem Sofa. Wir haben
unsere Kellerfenster mit Holzklötzen verrammelt. Im ganzen
haben wir 6 Fleisch- und Wurstkonserven bekommen. Schade,
daß wir kein Radio hören können und keine Zeitung bekommen. Wir leben wie auf dem Mond. In der Stadt sind an verschiedenen Läden die Wehrmachtsberichte angeschlagen. Aber es
getraut sich niemand mehr in die Stadt zu gehen. – Die Panzerspitzen sollen in der Rebesgrün-Siedlung sein, und Treuen soll
vom Ami besetzt sein. Unsere Gefangenen Engländer versuchten schon oft durch die Front zu ihren Leuten zu kommen, denn
sie sind freigegeben. Aber sie kamen immer wieder. Genauso ist
es mit den ausländischen Zivilarbeitern.

Samstag, 21. April, Berlin
Tagebuch Max B.

Die »Nachtausgabe«, seit einiger Zeit mit dem »Angriff« würdig vereinigt, ist noch einmal erschienen – wohl zum letzten Mal – und meldet »Verschärfung der Lage östlich Berlins«. Nun, das hat inzwischen wohl auch der dümmste Lausbub bemerkt, so daß Herr Dr. Otto Kriegk den Berlinern heute nun kein X mehr für ein U vormachen kann. Selbst Herr Dr. Ley – »Hei lewet noch« – hat noch einmal seinen satten bekannten »Leitartikel« herausgebracht, und verbreitet sich über »Des Führers heilige Sendung« – Dieser Artikel – wie die meisten seiner Vorgänger – auch wohl wieder im Zustand der Trunkenheit verfaßt, erreicht den Gipfelpunkt in der Behauptung, daß sich keiner einbilden möge, es gehe um den Nationalsozialismus und seine Führer. »Wenn wir bestechlich und gemein genug wären« – nein, sie sind ja die reinsten Engel – »um das deutsche Volk, sein Leben und seine Freiheit an die bolschewistischen und plutokratischen Henker auszuliefern, so würden uns die Juden in Moskau und New York genau so akzeptieren, wie irgendwelche anderen Verräter« – so schreibt Herr Dr. Ley. – Da lachen alle Hühner! – Als wenn auch nur ein einziger anständiger Mensch in der Welt außerhalb des Nazibereichs jemals daran denken würde, sich mit diesen politischen Verbrechern und Machthalunken, diesen Vertragsbrechern aus Prinzip jemals wieder zu unterhalten, oder gar in Verhandlungen einzulassen. Das haben sie sich für alle Zeiten verscherzt, und zwar gründlich, und die andere Seite hat gerade das immer wieder ausreichend deutlich zum Ausdruck gebracht.

Samstag, 21. April, Mayrhofen/Österreich
Tagebuch Erich Kästner

Die Amerikaner stehen vor Leipzig, die Russen vor Dresden, und Berlin ist isoliert, denn das Eisenbahnnetz wird aus der Luft laufend unterbrochen. Die Panzer vom Typ T 34 halten in Mahls-

dorf und Buchholz, und unsere Tischler, Schlosser, Beleuch-
ter und Requisiteure sitzen düster in den Tiroler Schenken. Sie
haben Angst um ihre Angehörigen. Die letzte Post, die Mama
zum Briefkasten am Neustädter Bahnhof getragen hat, ist vom
11. April datiert. Die letzte Post? Die letzte Post vor Kriegsende.
Gestern war Hitlers 56. Geburtstag. Der letzte Geburtstag? Der
letzte Geburtstag.

Das Konzentrationslager Buchenwald ist befreit worden, und
der amerikanische General nötigte die Parteimitglieder der
Goethestadt Weimar zu einem Lagerbesuch. Beim Anblick der
halbverhungerten Insassen, der Verbrennungsöfen und der ge-
stapelten Skelette seien, hieß es, viele Besucher ohnmächtig geworden.

Samstag, 21. April, New York
Tagebuch Alfred Kantorowicz

Das Goebbels-Radio in seinen letzten Zügen hat die Verlumpt-
heit des Pöbels, der seit zwölf Jahren Deutschland und fast fünf
Jahre lang große Teile Europas vergewaltigte, noch einmal in
äußerster Übersteigerung – oder soll ich sagen: in seiner Eupho-
rie offenbart. Die gesamte Welt, der Kriegsfeind Japan einbe-
schlossen, hat dem großen Freund oder größten Gegner Roosevelt die letzte Ehrerbietung bezeugt. Die einzigen Stimmen, die
den in die Geschichte eingegangenen Staatsmann nach seinem
Tode zu schmähen, zu verzetern, zu verleumden sich unterfin-
gen, waren die Stimmen der Nazis: täglich muß ich bei CBS* das
abhören und übertragen lassen. Das sind Stunden, in denen man
als Deutscher sein Gesicht vor den amerikanischen Freunden
verbergen möchte. Es war das Todesröcheln der Bestie – was
sage ich: es war das Gerülpse des entmenschten Spießers, der
noch in seiner letzten Stunde Unflat ausspeit.

---

* Amerikanische Rundfunkanstalt.

Samstag, 21. April, Konzentrationslager Dachau
Tagebuch Nico Rost

Ich möchte gern wissen, wieviel SS noch hier ist? Einige hundert? Ein paar tausend?

Keiner von uns weiß es genau – das einzige, was wir wohl wissen, ist, daß jede Nacht Hunderte Dachau verlassen. Aber es werden wohl auf jeden Fall noch genug übrig sein ... um uns zu erledigen.

Ins Revier kommt bereits keine SS mehr.

Die haben nun ganz andere Sorgen. Ich brauche daher auch meine Aufzeichnungen nicht mehr zu verstecken. Wassili hat gestern einen Teil meines Tagebuches in einen Kissenbezug eingenäht, so daß ich es besser mitnehmen kann – falls wir evakuiert werden.

Nachmittags

Ich habe jetzt eine freie halbe Stunde und will sie dazu benutzen, mir selbst Rechenschaft darüber abzulegen, woran wir nun eigentlich sind.

Evakuieren oder Nicht-Evakuieren – that is the question! Wahrscheinlich wird unser Leben davon abhängen.

Oder welche anderen Möglichkeiten bestehen noch?

Eine Übergabe des Lagers an das Rote Kreuz?

Wir haben den ganzen Morgen darüber gesprochen – und ich sagte auch, daß ich das glaube; ich wollte es mir gern selber einreden, denn – so sagte ich – die Norweger und Dänen werden ja auch vom schwedischen Roten Kreuz abgeholt! Aber ... nein, nein, nein – das wird die SS niemals zugestehen! Selber krepieren und uns freilassen? Das würde der Natur des Faschismus völlig zuwiderlaufen! Und vor allem: Himmler scheint in Bayern zu sein! Von ihm haben wir nur das Allerschlimmste zu erwarten. Das heißt also ...

Unsere einzige Aussicht auf Rettung – sind die Amerikaner. Kämen sie nur endlich – es wäre bei Gott Zeit!

Abends

»Sie« scheinen noch keinen Beschluß über uns gefaßt zu haben. Unserem jugoslawischen Freund aus der Lagerschreibstube war, vor einer Stunde wenigstens, noch nichts bekannt. Wir scheinen noch insofern Glück zu haben, als sich die SS über das Schicksal, das sie uns bereiten will, nicht einig ist. Ruppert und seine Anhänger sind absolut für unsere Abschlachtung oder Evakuierung (was auf dasselbe herauskommt), aber Weiß scheint dagegen zu sein. Ich fürchte jedoch, daß Ruppert vor nichts zurückschrecken wird; das meint auch Fritz, und der kennt ihn ... von Warschau her. Warum sind die Amerikaner eigentlich noch nicht hier? Ich habe oft das Gefühl, daß sie Dachau nicht für so wichtig halten. Natürlich ist es das eigentlich auch nicht, aber wenn ich so anfange zu überlegen, bliebe uns ja überhaupt keine Hoffnung, hier jemals lebend herauszukommen.

Sonntag, 22. April, Jettingen bei Günzburg
Tagebuch Ursula von Kardorff

Stuttgart gefallen. Fünfzig Kilometer stehen sie vor Augsburg. Hier zogen französische Kriegsgefangene durch. Einer, braungebrannt und erschöpft, sagte, während er Milch trank, die ihm die Adlerwirtin spendete: »J'ai fait la retraite d'ejà une fois, et maintenant c'est la deuxième fois en Allemagne.« »Ce n'est pas drôle«, sagte ich. »Ni l'un, ni l'autre«, antwortete er. Sie trugen eine weiße Fahne mit sich, wegen der Tiefflieger, der neuesten Plage. Die erste weiße Fahne, die ich sah. Merkwürdig, dieses stumpfe Weiß, aber wie wohltuend nach dem grellen Rot.

Neun Uhr abends, im Schloß bei Thun. Durch die Straßen rasen flüchtende Wehrmachtsautos. Die Bauern vergraben ihr Silber.

Montag, 23. April, Kleinaga bei Gera
Tagebuch Elfriede Jahn

Auch an Führers Geburtstag ist das »gr.[oße] Wunder« zur Befreiung des Reiches nicht geschehen, an das man so gerne noch glaubte. – Aber die Auflösung des 3. Reiches ist schon zu weit vorangegangen, hier machen die Kommunisten und früheren SPD wieder Propaganda u. der Gedanke, daß wieder ein Zersplittern in viele Parteien kommt, ist so traurig. Was hätte der Führer mit dem auf ihn vertrauenden Deutsch. Volk alles schaffen können, aber die Enttäuschung ist so groß, daß ein derartiges einiges Reich kaum wieder erstehen kann. – In einem Nachbardorf hat sich ein gr. Bauer samt seiner Familie erschossen aus Furcht vor den Greueltaten der Besatzung. Ja, wir sind die Besiegten, unsere Häuser müssen der Plünderung offenstehen, Mädchen sind Freiwild und doch – haben wir es nicht verdient? da wir in Polen, Rußl., Frankr. u. Belgien ebenso handelten, – Millionen KZ Gefangene uns anklagen über all' die Marter, die bes. die SS an ihnen begangen hat? – Greuel, die schlimmer sind als die Folterqualen im grauen Mittelalter.

Montag, 23. April, Lienewitz/Brandenburg
Tagebuch Paul S.

Bis heute mittag wurde Berlin immer noch von den Russen beschossen. Wir hören jeden Schuß. Seit Mittag aber schweigen die Geschütze. Ist es nur noch ein Trümmerhaufen? Ist es sturmreif? Hat man die Stadt übergeben? Wir hören nichts darüber. Heute früh wurde in Seddin Mehl verschenkt und Kartoffeln, alles direkt aus dem Waggon an der Rampe. Ich habe auch Mehl und Kartoffeln bekommen. Auch verschiedene Lebensmittel beim Kaufmann. Also, Not ist noch nicht eingekehrt. Zu Mittag habe ich wieder Gänsebraten mit Rotkohl gehabt.

Geld, Uhr und Ringe sind vergraben. Auch eine Flasche Rotwein und Rum. L.s haben auch verschiedene Sachen vergraben.

Kartoffeln sind versteckt. Es wird langsam dunkel, und ich will meinen Tagesbericht beenden, immer in Gedanken bei Euch. Ob Ihr Euch um mich sorgt?

Dienstag, 24. April, Norwegen
Tagebuch Johannes Resch

Im Wehrmachtsbericht wird mitgeteilt, daß Göring als Nachfolger Hitlers abgesetzt ist. Wir können uns kein Bild machen.

Gerade erst ist der Geburtstag des Führers vorbei, an dem, durch Befehl von oben, eine kurze Ansprache gehalten werden mußte. Der Oberstabsarzt forderte mich auf, diese Rede vor den Männern zu halten. Mein Einwand, daß wir hier die gleichen Leute sind wie an Bord unseres Lazarettschiffes und er als Kommandant die Rede halten müsse, stimmt ihn um. Der arme Irre sprach noch vom großen Führer. Aber er mußte es ja tun, denn es gibt immer noch fanatische Leute, die nicht an den verlorenen Krieg glauben wollen.

Dienstag, 24. April, Konzentrationslager Dachau
Tagebuch Nico Rost

12 Uhr

Ich gehe zwar noch mit den Totenlisten umher, aber sie stimmen nicht mehr.

Hundertfünfzig Tote – allein im Revier.

Von vielen Leichen, die nach der Totenkammer gebracht wurden, wissen wir nicht mehr, woher sie gekommen sind. Und in den Straßen zwischen den Quarantäneblocks liegen wieder Dutzende von Leichen, die noch nicht einmal abgeholt worden sind.

Seitdem auch S. an Flecktyphus erkrankt ist, versuche ich, die Namensliste der verstorbenen Holländer weiterzuführen, aber auch das wird immer schwieriger. Allein in meiner heutigen Meldung stand: »Fünfzig Unbekannte – Abgang durch Tod.«

Dienstag, 24. April, Stuttgart
Tagebuch Henry Bernhard

Wir sind von jeder Außenverbindung abgeschlossen. Zeitungen gibt es keine mehr. Radiomeldungen sind Glücksache, wegen des Stromes, der zum Teil versagt, zum anderen, weil nur bruchstückweise Sendungen hereinkommen. Der Wehrmachtsbericht vom 20. April also vom »Führer«-Geburtstag, ist die letzte Verlautbarung aus dem »Führer«-Hauptquartier. Die führenden Parteileute haben unsern Ort schon seit Tagen oder Wochen verlassen. Unser Ortsgruppenvorsitzender, der gleichzeitig Gauschatzmeister für Württemberg und Mitglied des Reichstages ist, hat sein Mobiliar wegbringen lassen und ist selbst rechtzeitig geflüchtet, ein echtes Vorbild nationalsozialistischen Heldentums. Alles in allem: ein klarer Zusammenbruch! Wer Parteigenosse war, sucht sich zu distanzieren. Keiner will dabei gewesen oder verantwortlich sein. Jeder war »nur zahlendes Mitglied«. Die Parteiuniformen sind, soweit sie nicht schon beim »Volksopfer« abgegeben worden sind, in der letzten Zeit vielfach verbrannt worden (schade um die Rohstoffe!) oder aber man hat versucht, sie in dem Luftschutzbunker des Ortes dem Bunkerwart zur Aufbewahrung »anzudrehen«. Der Bunkerwart Schmidt in Obertürkheim hat sich alle nächtlichen Besuche mit derartigen Uniformen und solchen Aufbewahrungsanliegen öffentlich verbeten. Es hat sich gezeigt, daß die Parteifunktionäre lieber das Heil in der Flucht suchen als aufrecht und mannhaft den Widerstandsparolen der Oberen zu folgen. Dabei wird noch versucht, die parteiüblichen Betrügereien bis zum letzten durchzuführen. Das zeigt der Ausspruch einer führenden Parteigenossin in unserem Ort, die beim Auskneifen noch die Bemerkung von sich gab: »Die Frauen, die weggehen, sind die tapferen und verantwortungsbewußten, die, die dableiben, sind Kasernenhuren!« (Dieser Ausdruck ist dem letzten »Führeraufruf« entlehnt!)

Am Sonntag, den 22. früh wurde Stuttgart von der Hauptsorge befreit. Es gab keinen Kampf um die Stadt oder die Vororte. Nachdem in der neunten Morgenstunde noch eine Artilleriebeschießung unseres Ortes durch drei Schrapnelle erfolgt war, erfolgte kurz nach 9 Uhr die Mitteilung, daß Stuttgart um 12 Uhr mittags »übergeben« werde.

Und so geschah es.

Ich lege die Feder nieder. Für uns ist der Krieg zu Ende. Für Herrn Hitler im Bunker der Reichskanzlei nicht weniger. Wie er seinen letzten Kriegstag erlebt, ist seine Privatangelegenheit. Keine Angelegenheit des deutschen Volkes mehr.

Dienstag, 24. April, Jettingen bei Günzburg
Tagebuch Ursula von Kardorff

Nachmittags fünf Uhr. Vorhin kam eine Frau in den Garten gestürzt: »Sie sind schon am Bahnhof, auf der Kirche weht die weiße Fahne.« Wir gingen mit Wetzels auf den Boden und hißten ebenfalls ein Bettuch. Dann radelte ich auf einem der OKW*-Räder, die Bürklin für sich und seinen Fahrer im Wagen mitgebracht hat, durch das Dorf. Überall aufgeregte, lachende Gesichter. Auf der Dorfstraße wurde ausgeklingelt: »Wer Widerstand leistet, wird erschossen.« Ich finde das völlig richtig, aber beklemmend ist es doch. Ein Franzose rief mir nach: »Alors, la grande nation, elle met le drapeau blanc?« »Was wollen Sie«, rief ich zurück, »c'est ce qu'il faut.« [. . .]

Eben erscheint Frau Wetzel: »Zu früh die Freud. Die Fahnen müssen wieder herein.«

Pfarrer, Bürgermeister, Gendarm und Ortsgruppenleiter wurden von der SS verhaftet und abgeführt. Die SS ist jetzt der schlimmste Feind, bedrohlicher als die Amerikaner, die uns erobern. [. . .]

War eben draußen. Klarer Sternenhimmel. Wie unfaßlich sind die Deutschen, daß sie sich in letzter Minute noch gegenseitig umbringen, eigenhändig ihr Land zerstören. Hörte, daß

---

* Oberkommando der Wehrmacht.

der SS-Mann den Bürgermeister der Feigheit bezichtigte, weil er die weiße Fahne gehißt hatte. Er befahl ihm, sich an die Wand zu stellen, wollte ihn erschießen, nahm ihn dann aber mit dem Ortsgruppenleiter, dem Polizeiwachtmeister und dem Priester in ein anderes Dorf mit. Als dort jedoch plötzlich der Ruf erscholl: »Panzerspitzen sind da«, ließ man alle vier laufen. Kalkweiß kamen sie zurück, der Tod war um Haaresbreite an ihnen vorübergegangen.

Frau Wetzel dreht eifrig ein kleines Handbutterfaß.

Mittwoch, 25. April, Würzburg
Tagebuch Fritz Bauer

Der Rundbrief ist im Text fertig. Nach dem Abendessen schreibe ich die erste Matrize, bete Brevier und höre im Radio den Aufruf an Generalfeldmarschall Keitel zum Einstellen der sinnlos gewordenen Kämpfe und von den Greueln in den Konzentrations-

Osteuropäische Zwangsarbeiterin Mitte April in Würzburg nach ihrer Befreiung durch US-Truppen

lagern. Wir wußten, daß es in ihnen hart zuging. Aber solche Unmenschlichkeiten! Wir können sie nicht glauben. Aber sie sind wahr. Unser Volk wird lang büßen müssen. Gebe Gott, daß die Opfer unsere Fürbitter sein werden. Deutsche waren die ersten Opfer. Nachdenkend wundere ich mich, daß ich nicht auch ins KZ kam. Ein halbes dutzendmal hatte mich die Gestapo im Kreuzverhör, einmal etwa vier Stunden lang. O Deutschland, wie hat dich der Böse geritten! Du brauchst viel Gebet, Opfer und Segen, um wieder Gottes eigen zu werden.

Mittwoch, 25. April, Halbendorf/Niederlausitz
Tagebuch Klaus Granzow

Geschossen haben wir auch schon, und trotzdem hoffen wir, daß wir noch länger hierbleiben. Wir leben sonst nämlich I a! Richtiges Landserleben, wie ich es mir vorgestellt habe. Unser Tag besteht nur aus Schießen und Warten und Fressen. Überhaupt denkt nach den langen Hungerkuren alles nur ans Fressen. Es gibt hier ja alles, denn die Häuser stehen leer, und die Weckgläser sind alle voll. So organisieren wir und fressen, fressen, fressen. Mit dicken Bäuchen liegen wir dann im Bunker herum. Die Verpflegung aus der Feldküche gucken wir gar nicht mehr an. Doch stellen sich auch schon die Folgen ein: Bauchschmerzen und Scheißerei.

Mittwoch, 25. April, Konzentrationslager Dachau
Tagebuch Edgar Kupfer-Koberwitz

Heute Abend wurden plötzlich alle Deutschen festgestellt, sie sollen angeblich heute nacht noch das Lager verlassen. –

Es heißt, eine Rote-Kreuz-Kommission, eine internationale, sei gekommen, die Juden aus den Waggons seien daraufhin ins Lager zurückgebracht worden. – Aber wir haben nichts davon gemerkt. –

Man sagt auch, der größte Teil der höheren SS-Offiziere würde das Lager verlassen. – Man sagt, das Rote Kreuz werde vielleicht alles selbst übernehmen. – Nach aller Nervosität viel Hoffnung plötzlich im Lager. –

Angeblich hat der Chefarzt des Reviers eigenhändig seine Visitenkarte von der Türe genommen, heute am späten Abend. –

Donnerstag, 26. April, Mayrhofen/Österreich
Tagebuch Erich Kästner

Hitler befindet sich in der Reichskanzlei und hat den Oberbefehl übernommen. Er repetiert an der Spree die Belagerung Wiens. 1945 ist 1683, die Russen sind die Türken, er selber spielt den Starhemberg, und das Einzige, was ihm zum Gelingen der Inszenierung fehlt, ist der Polenkönig Johann Sobieski mit dem Entsatzheer. An solchen Kleinigkeiten kann eine Aufführung scheitern. Vor allem bei klassischen Stücken mit glücklichem Ausgang. Sie sind besonders schwer nachzuspielen.

[...]

In Hitlers letzter Inszenierung, »Die Belagerung und Befreiung Berlins«, wird man, wie gesagt, ohne Johann Sobieski und dessen Entsatzheer auskommen müssen. Dem Regisseur bleibt nichts übrig, als das Stück, während die Vorstellung bereits läuft, umzuschreiben, gemeinsam mit seinem Hausdramaturgen Goebbels, dem Dramaturgen des Braunen Hauses. Denn die Ankündigung vorm Vorhang, man habe einen gewissen General Wenk oder Wenck[*] gefunden, der in letzter Minute einspringen und den Originalschluß ermöglichen werde, glaubt keiner vor und hinter der Bühne. In der letzten Minute der letzten Szene kann kein Mensch den Sobieski übernehmen, dafür ist die Rolle zu schwierig. Und so wird das Stück schlimm enden.

---

[*] Anspielung auf die Anfang März auf Anweisung Hitlers neu aufgestellte 12. Armee unter General Walther Wenck, die den Einschließungsring um Berlin aus westlicher Richtung aufbrechen sollte, deren Stärke allerdings nur auf dem Papier stand.

Donnerstag, 26. April, New York
Tagebuch Alfred Kantorowicz

Im April 1945 hat die westliche Welt den Bestand von Konzentrationslagern in Nazideutschland »entdeckt«. Ein Aufschrei des Entsetzens läuft durch die Presse der Demokratien. Sie hätten das alles bereits seit zwölf Jahren zur Kenntnis nehmen können, aus Tausenden von Berichten entkommener Opfer, aus dokumentarisch belegten Büchern – dem Braun-Buch zum Beispiel. – Hätten sie die Wahrheit damals nicht überhört, so wäre dieser Krieg mit seinen dreißig Millionen Toten und der Verwüstung Europas vielleicht zu verhindern gewesen. Wir alle haben gewarnt: Seht euch um, so beginnt es; die ersten Opfer sind die guten Deutschen selber, ihr werdet die nächsten sein, wenn ihr ihnen nicht zu Hilfe eilt. Jetzt, nachdem alles vorbei ist, die Blüte Europas teils in diesen Lagern und teils auf den Schlachtfeldern verfault; jetzt »entdeckt« man, daß Nazis wie Nazis handeln. Es wird die Toten nicht wieder erwecken.

Freitag, 27. April, Berlin
Notizen Martin Bormann

Die zu unserem Entsatz marschierenden Divisionen werden von Himmler-Jodl angehalten!

Wir werden mit dem Führer stehen und fallen: getreu bis in den Tod.

Andre glauben »aus *höherer* Einsicht« heraus handeln zu müssen, sie opfern den Führer und ihre Untreue – pfui Teufel – gleicht ihrem »Ehrgefühl«!

Freitag, 27. April, Pacific Palisades, Kalifornien/USA
Tagebuch Thomas Mann

Zeitig auf. Seit gestern sonniges Wetter. Ging etwas mit K. Drei Stunden an dem Kapitel, ohne eben viel zu schreiben. Marschiert gegen frischen Wind. Nach Tische die Zeitung eingehend gelesen. Gefangennahme des Dittmar*, der ebenfalls versichert, Hitler sei noch in Berlin. Goering scheint tot, exekutiert oder von eigener Hand. Himmler wird tot gesagt. Viel über die Anfänge der S. F. [San Francisco]-Konferenz. Molotow sehr aufrichtig und entschieden für Zusammenarbeit und Organisation des Friedens. Das große Übergewicht Amerikas (mit dem China stimmt). – Beeindruckt von sozialdemokr. Äußerung im »New Leader«, daß Hunderttausende in Deutschland dem Londoner Rundfunk zugehört und meine Sendungen besonders geschätzt hätten. – Nachmittags handschriftliche Kurzbriefe nach Jerusalem, Stockholm, an C. Newton. Abends in Time Magazine über den Horror der deutschen Konzentrationslager. Wird in Deutschland die ungeheure Schande empfunden werden? Will darüber sprechen. – Kämpfe im Berliner Tiergarten. Augsburg übergeben. Bewegungen zur Einschließung Münchens, das nun an die Reihe kommt. Ich verberge mir nicht mein besonderes Interesse.

Samstag, 28. April, Berlin
Tagebuch Max B.

Ein neuer Tag – und neues Leiden, das er allen an dieser Lage beteiligten Menschen bringt. Zwar hat die Schießerei heute nicht annähernd den Umfang, wie an den Vortagen, merkwürdigerweise bleiben auch die Flieger, von einem einzelnen, gelegentlich kreisenden Flugzeug abgesehen, heute aus, und selbst die Kampflaute der Infanterie, die man gestern noch so gefährlich nahe wahrnehmen konnte, sind heute früh erheblich schwächer. Sollten die Unseren Erfolge gehabt und die Russen zurückgedrängt haben? Man ist sich ja darüber im Klaren, daß dies gewiß nur eine Verzögerung des Endes, insbesondere eine *Verlänge-*

---

* Kurt Dittmar, Generalleutnant der Wehrmacht, Rundfunkkommentator.

rung unserer *Leiden* bedeuten würde, und kann sich daher nicht
darüber freuen, – das ist allen im Hause von den Gesichtern ab-
zulesen.

Samstag, 28. April, Berlin
Joseph Goebbels an Harald Quandt

Mein lieber Harald!

Wir sitzen eingeschlossen im Führerbunker in der Reichskanzlei und kämpfen um unser Leben und um unsere Ehre. Wie
dieser Kampf ausgehen wird, das weiß nur Gott allein. Ich aber
weiß, daß wir nur mit Ehre und Ruhm lebend oder tot daraus

Deutsche Nach-
schubkolonne
auf dem Rück-
zug zur Elbe

hervorgehen werden. Ich glaube kaum, daß wir uns noch einmal wiedersehen werden. Darum sind das wahrscheinlich die letzten Zeilen, die Du von mir empfängst. Ich erwarte von Dir, daß Du, wenn Du diesen Krieg überstehst, Deiner Mutter und mir nur Ehre machen wirst. Es ist garnicht nötig, daß wir lebend da sind, um auf die Zukunft unseres Volkes einzuwirken. Du wirst unter Umständen der Einzige sein, der unsere Familientradition weiter fortführt. Tue es immer so, daß wir uns dessen nicht zu schämen brauchen. Deutschland wird diesen furchtbaren Krieg überstehen, aber nur dann, wenn unser Volk Beispiele vor Augen hat, an denen es sich wieder aufrichten kann. Ein solches Beispiel wollen wir geben. Du kannst stolz darauf sein, eine Mutter wie die Deine zu besitzen. Der Führer hat ihr gestern Abend das Goldene Parteiabzeichen, das er jahrelang an seinem Rock trug, gegeben, und sie hat es auch verdient. Du darfst in Zukunft nur eine Aufgabe kennen, Dich des schwersten Opfers, das wir zu bringen bereit und entschlossen sind, wert zu erweisen. Ich weiß, daß Du das tun wirst. Laß Dich nicht vom Lärm der Welt, der nun einsetzen wird, verwirren. Die Lügen werden eines Tages in sich zusammenbrechen und über ihnen wieder die Wahrheit triumphieren. Es wird die Stunde sein, da wir über allem stehen, rein und makellos, so wie unser Glaube und Streben immer gewesen ist.

Leb' wohl, mein lieber Harald! Ob wir uns jemals wiedersehen werden, das steht bei Gott. Wenn nein, dann sei immer stolz darauf zu einer Familie zu gehören, die dem Führer und seiner reinen, heiligen Sache, auch im Unglück bis zum letzten Augenblick treu geblieben ist.

Alles Gute und meine herzlichsten Grüße

Dein Papa

Samstag, 28. April, Lienewitz/Brandenburg
Tagebuch Paul S.

Gestern begann eine wüste Schießerei, die bis in die Nacht anhielt. Es ist noch ein kleines Häuflein verrückter Soldaten, die noch Widerstand leisten und sehen den Unsinn nicht ein. Statt die Waffen zu strecken, schießen die dummen Menschen weiter. Jetzt ist nun der zweite Tag, daß die Russen hier sind, und es kommen immer wieder Spähtrupps durch. Wir warten auf die Beruhigung, bis der Russe die letzten Widerstände beseitigt hat. Wir wollen sehen, wie der Tag heute weiter verläuft. Ja, es wurde so, wie wir vermuteten. Gegen Abend setzte das Artillerieduell ein. Wir, schnell in den Bunker. So etwa ab 19 Uhr bis nachts 24 Uhr. Das war mehr als die Hölle. Links und rechts, vor und hinter uns dauernd Einschläge der deutschen Artillerie, ohne Rücksicht auf Frauen und Kinder oder Wohnhäuser. Der Russe schont Zivil. Was noch steht, wird von den Deutschen zerstört. Auf der Linie H., Brücke-Nord-Ufer des großen Sees, lag das stundenlange Feuer. Wenn wir das überstanden haben, mehr können wir nicht ertragen. Es war nicht unsere Feuertaufe, die hatten wir längst hinter uns. Die Frauen waren fertig. Man kann es nicht beschreiben. Das kann man nur erleben. Genug davon.

Sonntag, 29. April, Berlin
Tagebuch Ruth Andreas-Friedrich

Der Morgen ist schön und klar. Wenigstens diesen Frühling kann uns keiner nehmen. »Über den Friedhof«, ruft Frank, unser Pfadfinder aus Naturbegabung. »Die Bismarckstraße ist abgeriegelt.« Wir schwenken in den Friedhof ein. Auf dem Weg liegt ein toter Soldat. Die Arme weit ausgebreitet, das Antlitz dem Himmel zugekehrt. Er ist nicht der einzige. Rechts liegen sie und links. Zwischen die Gräber gedrängt wie Garben nach dem Schnitt. Über ihnen leuchtet der Frühling. »Sei getreu bis in den Tod ...«, lese ich auf einem umgestürzten Sockel. Wem eigent-

lich getreu? Den Nazis? Dem Vaterland? Dem Fahneneid? Die
stummen Toten geben stumme Antwort. »Dir selber ... nur dir
selber ...«

Sonntag, 29. April, Siegen
Tagebuch Edelgard Seidel

Am Freitag ist Mutter erzählt worden, [...] daß im deutschen
Wehrmachtsbericht der Führer selbst gesprochen habe, nur
kurz, aber es war genug. Er sei von allen seinen Getreuen verlassen worden und kämpfe jetzt mit nur noch einigen Hitlerjungen.
Als ich das hörte, da war für mich alles aus. Ich hatte bis dahin
immer noch geglaubt, sie könnten uns doch nicht so belügen, es
käme doch noch die Geheimwaffe, aber jetzt ist alles aus. Ich
mußte alleine ins Eßzimmer gehen, dort habe ich mich aufs
Sofa geworfen und bitterlich geweint. Sollte denn so alles vorbei
sein? Der Traum ausgeträumt, alles zerschlagen, was glücklich
wieder aufgebaut war, sollte das das Ende sein, auf das wir
5 volle Kriegsjahre hingearbeitet und entbehrt hatten, wo so viel
blühende Jugend gefallen ist im Kampf für eine närrische Idee –
nicht im Kampf fürs Vaterland, das war frei und einig. So viele
Witwen und Waisen haben wir jetzt, so viele haben ihre gesunden Glieder verloren, viele haben Hab und Gut verloren, fünf
Jahre lang haben wir fest an den Sieg geglaubt und jetzt soll dies
das Ende sein! Orden und Ehrenzeichen sind verliehen worden.
Wofür? Jetzt begeht einer nach dem anderen von der Regierung
Selbstmord. Zuerst konnte ich keinen Groll gegen den Führer
empfinden. Ich sah ihn immer noch als den Mann, dem das Volk
zujubelt, den die Kinder anstrahlen, aber jetzt, jetzt habe ich
mich zu der Meinung durchgerungen, daß der Führer es nicht
wert ist, daß man ihn bedauert. Sein anfängliches Kriegsglück
ist ihm zu Kopf gestiegen, und er wollte mehr und immer mehr.
Der Ruhm hat ihn so gierig gemacht. Jetzt hat er ein 90-Mill.-
Volk auf dem Gewissen, das er ins tiefste Elend gestürzt hat, jetzt
können wir uns nicht mehr erheben, es ist schlimmer als 1918.

6 Mill. Soldaten hat er auf dem Gewissen und 3 Mill. Zivilisten durch Bombenterror. Jetzt werden wir immer unter der Knute leben, ein Volk, das eines der kulturreichsten Völker der Welt war, ein Volk, aus dem so viele große Männer hervorgegangen sind wie Goethe, Schiller, Beethoven, Bismarck usw. Solch ein Volk soll zerrissen werden! Himmelschreiend ist es, und das haben wir dem einen Mann zu verdanken.

Sonntag, 29. April, Konzentrationslager Dachau
Tagebuch Nico Rost

6.30 Uhr morgens

Die SS hat eine weiße Fahne gehißt!

Am Eingang ihres Lagers.

Die Aufregung bei uns ist unbeschreiblich!

Jeder, der nur irgendwie kann, läuft zum Appellplatz, von wo aus man die Fahne sehen kann.

Ungläubig, mit Augen voller Hoffnung und Erwartung – aber doch auch noch voller Mißtrauen – starren wir auf diese, nicht einmal besonders saubere, kleine weiße Fahne, die in dem heftigen Wind knattert und flattert, wie eine solche Fahne eben flattern muß . . .

Sind die Amerikaner also schon so nahe?

Wird die zurückgebliebene SS das Lager nun doch übergeben – kampflos? – Ohne uns vorher zu vernichten?

Ich traue selbst der weißen Fahne der SS nicht . . .

Warum sind denn die Wachttürme rings um unser Lager noch immer mit SS besetzt?

Warum wurde noch gestern neue Munition hingebracht? Warum sind ihre Maschinenpistolen noch immer drohend auf unsere Baracken gerichtet?

Nein: SS bleibt SS – bis zu ihrer Vernichtung.

[. . .]

Befreite Insassen eines Konzentrationslagers rächen sich an einem »Kapo«

Abends 8 Uhr

[...]

Es war genau 5.28 Uhr – nach der Uhr der Kommandantur – als sich das große Tor öffnete.

Das Schießen hatte aufgehört und alles rannte über den Appellplatz zum Tor. Unterwegs traf ich Hoornik, und wir liefen zusammen weiter.

Die SS-Männer im Torgebäude und in den Wachttürmen wurden von den Amerikanern heruntergeholt und niedergeknallt. Wir hörten die Schüsse – und wir sahen sie fallen: einige rollten in den Graben, andere fielen in das Gras jenseits des Stacheldrahtes. Ein Stückchen weiter wurde eine Gruppe SS – die Hände über den Kopf verschränkt abgeführt; aber das alles schien uns noch völlig unwesentlich. Vorsichtig betraten die ersten Amerikaner unser Lager ihre Maschinenpistolen schußbereit –, sehr groß, breitschultrig und dick: »Hello boys, here we are!« Nun gab es kein Halten mehr.

In einem einzigen, brüllenden, jubelnden, langanhaltenden Schrei entlud sich die aufgespeicherte Spannung der letzten Stunden, und Tausende stürzten auf die Amerikaner zu: lachend, weinend, rufend . . .

Montag, 30. April, Tutzing
Tagebuch Wilhelm Hausenstein

Diese Nacht, die immerhin kritisch war, leidlich durchschlafen, hin und wieder durch heftige Detonationen geweckt. Die Detonationen kamen zum Teil, so wird mir versichert, von Sprengungen her, die deutsches Militär in der Untergangs-Phrenesie noch besorgen zu müssen meinte. Es ist schlüssig, daß in einem Bereich, in dem zwölf, fast dreizehn Jahre ein Agent des Teufels regiert hat, noch das Letzte ruiniert wird: die Bilanz des Teufels ist *Nichts.* Es würde mit der Monstrosität des verendenden Systems zusammenstimmen, wenn die Autobahnen nur gebaut worden wären, um schließlich zerstört zu werden.

Der Krieg scheint für unsere Gegend beendet zu sein; sie ist unversehrt.

Heute Mittag wurden im Dorf die weißen Fahnen ausgesteckt. Die Verhandlungen um die Übergabe an den Occupanten scheinen sehr rasch verlaufen zu sein, wie sich's verstand.

Heute früh drei ungarische Juden aus dem Dachauer Lager bettelnd an der Tür: unbeschreiblich elend, Figuren der letzten Misere, dabei höflich; das Menschliche, weit davon entfernt, erdrückt zu sein, war vernehmlicher als bei dem Gros der Leute, die man hier in den letzten Jahren in Freiheit hat herumlaufen sehen. Die Bettler nahmen das Gebotene (Käsebrote und Bier) mit, um es denen unter den Ihrigen mitzuteilen, denen es *noch* schlechter ging.

Montag, 30. April, Konzentrationslager Dachau
Tagebuch Edgar Kupfer-Koberwitz

Es liegt etwas in der Luft, – etwas ganz Eigenes liegt über dem allem, fast erinnert mich die ganze Atmosphäre an die eines stilleren Jahrmarktes. –

Aber was ich nicht sehen kann, was ich nur erfahre – überall liegen noch die Leichen der SS, – man hat sie nicht weggeräumt. – Warum nicht? – Es macht mich traurig, und ich denke an die geraubten Schuhe, Uhren und dergleichen. – Aber dann denke ich, daß nach all dem Furchtbaren, das die meisten von uns erlebten, nach all dem Teuflischen und Barbarischen, es wiederum doch eigentlich ein gutes Zeichen für unsere Kameraden ist, daß sich keiner irgendwie an den Leichen vergreift, daß man sie ruhig liegen läßt. – Man könnte sich ja auch denken, daß die Menschen voll Wut nun die Leichen treten oder sonstwie ihre Wut an ihnen auslassen würden. – Aber es ist beglückend, zu denken, daß es scheinbar doch niemanden unter uns gibt, der solche Gefühle als Menschenbestie entwickelt und ausführt. –

Der Kanonendonner ist noch immer zu hören. – München soll noch nicht gefallen sein, – es ist so, wie ich es dachte. –

Es kommen amerikanische Soldaten ins Lager, uns anzusehen. – Man führte eine Gruppe von ihnen auf einen Block. – Im Waschraum lagen 50 Leichen von Gestorbenen, Verhungerten, Erschöpften. – Einer der Offiziere begann zu weinen, als er das sah. – Seltsam, zu denken, daß ein Mann, der aus der Schlacht kommt, dauernd Tote sieht, ein Offizier, mitten im Kriege, beim Anblick unserer Toten weint. – Aber ich kenne das, – ich weiß wie unsere Toten aussehen, so erschütternd, daß selbst die Tränen eines Kriegers verständlich sind.

Mai

1945

Bekanntmachung!

Der Befehlshaber der englischen Besatzungstruppen hat folgende Anordnungen erlassen:

Heute mittag
beginnt der Einmarsch der Besatzungstruppen

Ab 13 Uhr besteht Ausgehverbot für die Bevölkerung, mit Ausnahme der Angehörigen der Versorgungsbetriebe (Elektrizitäts-, Gas- und Wasserwerke).

Die Dauer des Ausgehverbots wird von der Disziplin der Bevölkerung abhängig gemacht.

Die Verantwortung für die Durchführung dieser Maßnahme wird der Hamburger Polizei übertragen.

Bei Nichtbefolgung wird außerdem die Besatzungsmacht mit Waffengewalt einschreiten.

Der Polizeipräsident von Hamburg gibt hierzu ergänzend bekannt:

Zur Durchführung des erlassenen Ausgehverbots sind die Behörden und Betriebe, mit Ausnahme der Versorgungsbetriebe (Elektrizitäts-, Gas- und Wasserwerke), ab 10 Uhr zu schließen.

Notbetrieb (Sonntagsdienst) ist aufrechtzuerhalten.

Von den Versorgungsbetrieben sind den Angehörigen der Betriebe entsprechende Ausweise auszustellen.

Der gesamte Verkehr wird um 12.00 Uhr eingestellt.

Hamburg, den 3. Mai 1945.

Anordnung der Behörden beim Einmarsch der britischen Besatzungstruppen in Hamburg am 3. Mai

Chronik

Britische Truppen stoßen nach Mecklenburg und Holstein vor, die Amerikaner erreichen Seefeld in Tirol. Dönitz erhält in Plön (Holstein) Bormanns Telegramm mit der Nachricht vom Tode Hitlers: »Testament in Kraft«. Selbstmord von Goebbels mit Frau und Kindern im Bunker der Reichskanzlei.   1.5.

Kapitulation der restlichen deutschen Truppen in Berlin. Britische Verbände nehmen Lübeck und treffen in Wismar mit der Roten Armee zusammen. Sowjets besetzen Rostock. Hamburg wird zur »offenen Stadt« erklärt (keine Verteidigung). An der französischen Atlantikküste verteidigen deutsche Einheiten noch die Festungen von La Rochelle, Saint Nazaire, Lorient und Dünkirchen. Dönitz verlegt sein Hauptquartier von Plön nach Flensburg.   2.5.

Das XII. britische Korps besetzt Hamburg. Amerikanische Einheiten erobern Innsbruck und stoßen bis zum Brenner vor. Dönitz erklärt Kiel und Flensburg zu »offenen Städten«. Sondierung von Kapitulations-Verhandlungen für den Norden Deutschlands durch Admiral von Friedeburg im Auftrage von Dönitz. Reichsminister Speer widerruft im Rundfunk sämtliche Zerstörungsbefehle.   3.5.

Teilkapitulation der deutschen Einheiten in den Niederlanden, in Nordwestdeutschland sowie in Dänemark im Hauptquartier des britischen Feldmarschalls Montgomery unterzeichnet. Einstellung des U-Boot-Krieges. Kapitulation der Heeresgruppe G in Haar bei München. Festnahmen prominenter Funktionsträger aus Partei und Staat sowie hoher Militärs durch die Alliierten an diesem und den folgenden Tagen (zahlreiche Selbstmorde).   4.5.

Das KZ Mauthausen wird von den Amerikanern befreit. Die 3. US-Armee besetzt im Vormarsch auf Prag die Stadt Pilsen.   5.5.

Dem Aufstand tschechischer Widerstandsgruppen gegen die deutsche Besatzung schließen sich später Einheiten der sog. Wlassow-Armee an (der Aufstand in Prag dauert bis 10. Mai). Dönitz beruft eine »Geschäftsführende Reichsregierung« unter Graf Schwerin von Krosigk.

6.5. Die 3. US-Armee unter General Patton stellt in Beraun/Böhmen auf Weisung Eisenhowers ihren Vormarsch auf Prag ein. Die Besatzung der sog. Festung Breslau kapituliert nach dreimonatiger Belagerung gegenüber der 6. Sowjet-Armee. Jodl verhandelt auf Weisung von Dönitz im Hauptquartier Eisenhowers in Reims über eine deutsche Gesamtkapitulation.

7.5. Jodl unterzeichnet die deutsche »bedingungslose« Gesamtkapitulation (sie tritt am 9. Mai in Kraft). Die 9. US-Armee räumt ihre Stellungen östlich der Elbe. Die »2. Weißrussische Front« besetzt die Linie Wismar-Schwerin-Wittenberge. Die mit Deutschland verbündete kroatische Armee überschreitet bei Klagenfurt die österreichische Grenze, um zu kapitulieren.

8.5. Die 5. sowjetische Garde-Armee besetzt Dresden. Am letzten Kriegstag kämpfen Reste der deutschen Wehrmacht u. a. noch in Ostpreußen (Weichselmündung und Westteil der Frischen Nehrung), in Böhmen und Mähren, in Norwegen, an verschiedenen Atlantikstützpunkten sowie in der Ägäis. Göring wird in Kitzbühel/Tirol von US-Truppen gefangengenommen. Die deutsche Besatzung von Prag kapituliert.

9.5. Die bedingungslose Kapitulation Deutschlands tritt um 00.01 Uhr MEZ in Kraft. Die Unterzeichnung der Gesamtkapitulation wird um 00.16 Uhr in Karlshorst wiederholt. Die deutsche Besatzung der Kanalinseln kapituliert um 7.14 Uhr.

10.5. Kapitulation der Heeresgruppe Kurland. Sowjetische Einheiten besetzen Prag.

12.5. Kapitulation der deutschen Truppen auf Kreta.

Dienstag, 1. Mai, Berlin
Tagebuch Ruth Andreas-Friedrich

Der Granatbeschuß hat aufgehört. Auch die Flieger sind stiller geworden. Nur ab und zu zieht ein Jäger über uns seine zierlichen Schleifen. Zum zweitenmal scheint der Krieg vorbei. Aus Bunkern und Kellern wagt es sich zögernd ans Licht. Menschen kommen uns entgegen. Zu zweien oder in Grüppchen. Sie tragen weiße Binden um den Arm, die Frauen rote Kopftücher. Fabian tippt mich auf den Rücken. »Apartes Mimikry, Naziflaggen als Sowjetsymbol.« Ich blicke nach dem Objekt seines Spottes. Tatsächlich. Kreisrund leuchtet aus jedem Kopftuch das unverbliche Mittelteil, verräterischer Untergrund für ein gewesenes Hakenkreuz. Was mag in den Gehirnen vorgehen, die unter die-

Brennende
Häuser
am 1. Mai
in Berlin

sen Tüchern stecken? Gestern braun. Heute rot. Morgen vielleicht
das Sternenbanner und übermorgen der Union Jack. Kann man
seine Weltanschauung durch ein paar Trennfäden ändern? Wer
Tücher und Armbinden, Knopflochverzierungen und Abzeichen
braucht, braucht sie für sich selber. Weil er sich selber nicht traut.

Dienstag, 1. Mai, Siegen
Tagebuch Edelgard Seidel

Nun ist der Augenblick gekommen, nach dem wir uns nun Jahre
hindurch gesehnt hatten:
Es ist Frieden!
Aber was für einer! Seit dem 1. Mai 1945 mittags ist Waffen-
ruhe. Der 1. Mai sollte doch der Nationalfeiertag des deutschen
Volkes sein – und nun; am 1. Mai haben wir den Krieg verloren
und sind so total besiegt worden, wie lange kein Volk mehr. Das
ist nun der zweite verlorene Krieg! Wer hätte das gedacht. Die
ganzen Kriegsjahre hindurch haben wir uns den Augenblick, wo
der Krieg zu Ende sein würde, vorgestellt mit Glockenläuten und
Fahnenwehen, und jetzt so sang- und klanglos und – verloren!
Lieder sind gedichtet worden »Wenn Fahnen flattern und der
Krieg zu Ende...« Jetzt ist er zu Ende, aber Glocken können
keine läuten, denn alle Kirchen sind zerstört, und wehe dem, der
eine Fahne flattern ließe! Aber dazu ist ja auch kein Grund vorhanden. Hier erzählt man sich, der Führer sei gefallen, andere,
er sei mit Göring und Goebbels verschwunden, andere, er habe
sich das Leben genommen. Was stimmt nun von alledem!

Dienstag, 1. Mai, Italien
Tagebuch Martin Hauser

Das deutsche Radio gibt bekannt, daß Hitler gestorben ist
und Admiral Dönitz sein Nachfolger wurde. Sein Ende ist
zwar noch mysteriös, aber eines steht fest, daß kein Mensch

in der Geschichte je so viel Unglück über die Welt brachte wie er. Er lebte, gehaßt von Millionen – er starb, gehaßt von Millionen.

Dienstag, 1. Mai, Lienewitz/Brandenburg
Tagebuch Paul S.

Gut geschlafen. Um 9 Uhr aufgestanden. Am fertigen Frühstückstisch Nudelsuppe mit Schweinefleisch, schmeckt ausgezeichnet. Hätte es nicht gedacht. Der Kommandant und verschiedene Offiziere kamen in die Küche, und wir haben russischen 1. Mai gefeiert mit Wein und Wodka, Fisch und Fleisch, gleich nach dem Frühstück. Alles eine große Freundschaft. Händedruck und nette Reden. Der Kommandant sagte, er sei Bolschewist. Gebildete, anständige Menschen.

Eben, 13 Uhr 30, Alarm. Die SS ist wieder verrückt geworden. Es wird gesagt, sie alle müssen sterben.

Mittwoch, 2. Mai, Berlin
Tagebuch Max B.

Russische Soldaten kommen wieder und wieder durch das Haus, gehen auch in einzelne Wohnungen – im Paterre über meinem Keller höre ich sie durchs Fenster einsteigen, vernehme ihre schlürfenden Schritte – wie etwa Seeleute zu gehen pflegen – über mir. Gegen Mittag kommen mehrere Frauen von der Straße zurück, wo sie bereits nach Lebensmittelmöglichkeiten Ausschau gehalten haben – aber alle Geschäfte sind geschlossen. Andere haben Trinkwasser geholt. Ein junger Rotarmist ist in ihrer Begleitung, der ihnen, wie sie sagen, sehr zuvorkommend behilflich war, besonders beim Passieren der Straßen, was nicht so einfach war, und auch beim Wassertragen. Er kommt zu uns in den Hausflur, grüßt kurz militärisch und drückt jedem von uns die Hand mit dem Ausruf »Woina kaput!, Woina kaput!« – Der Krieg ist aus! – Ich will meinen Ohren kaum trauen, diese fast noch unglaubliche, *herrliche* Kunde zu vernehmen, und frage ihn fast ergriffen von der Größe des Augenblicks, ob es denn wahr sein kann? Er bestätigt es erneut, und ein breites Grinsen der Freude überstrahlt sein ganzes Gesicht. Er muß ein aufrichtiger Friedensfreund sein, denn nur so einer kann so seiner Freude über das Ende dieses furchtbarsten Schreckens unserer Zeitgeschichte Ausdruck geben.

Mittwoch, 2. Mai, Frankfurt am Main
Tagebuch Emilie Braach

Die verschiedenen Maßnahmen durch die Amerikaner drücken uns sonst nicht. Gegen das, was wir all diese Jahre hindurch gelitten haben, sind das Kleinigkeiten. Und es ist gut, daß jetzt unter den Parteigenossen groß aufgeräumt wird. Manch einer, der anfangs geglaubt hat, er könne sich durchschlängeln unter der Devise: »Wir sind betrogen worden!« Und: »Ich bin nie ein Nazi gewesen!« muß jetzt aus Amt und Würden. Gewiß, viele mögen dabei sein, die mit dem Herzen niemals bei der Sache waren. Aber auch für sie gilt: mitgefangen, mitgehangen!

Und nun soll Hitler tot sein. Ob es wahr ist? *Falls* es wahr ist, dann sind nicht nur wir enttäuscht über dieses schnelle Ausgelöschtsein. Man hätte ihn steinigen müssen. Wir hatten seit Jahren eine Flasche Sekt für diesen Fall aufgehoben, und als die erste Flasche verbrannte, haben wir gleich eine Ersatzflasche erworben und beiseite gestellt. Und – wir mögen sie jetzt gar nicht trinken!

Die Hoffnung auf ein schnelles Ende des Blutvergießens ist heute wieder gesunken. Wie wäre man erlöst, wenn man wüßte, kein Soldat wird mehr geopfert und die Menschen, die noch ein Heim haben, dürfen es behalten.

In der Römerstadt und in der Heimatsiedlung hausen nun die ausländischen Zwangsarbeiter und verhökern alles, was die Bewohner zurücklassen mußten. Das ist ebenso schlimm wie Fliegerschaden.

Alles stürzt sich aufs Englischlernen. Einerseits, um sich notfalls mit den Amerikanern verständigen zu können, andererseits, um es beruflich auszuwerten. Opa erteilt jetzt verschiedenen Interessierten Englisch-Unterricht. [...]

Viel wichtiger aber als alle anderen Fragen sind nach wie vor die Futtersorgen. Die Rationen wurden noch stärker herabgesetzt. Fett gibt es durchschnittlich pro Woche 65 Gramm, je nach Vorrat mal Butter, mal Margarine oder mal Rinderfett. Brot bekommen wir wöchentlich immer noch einen ganzen Laib von drei Pfund, Fleisch 1/4 Pfund, Nährmittel etwa 40 Gramm, Marmelade in dieser Woche 1/4 Pfund. C'est tout. Wenn ich nicht so eisern gespart hätte, wäre ich jetzt sehr hungrig. Dazu hatte ich das große Glück, ein paar Schuhe, die mir zu klein waren, gegen einen Zentner Kartoffeln eintauschen zu können. Trotz allem grüble ich lange, wie ich uns sattkriegen kann. Dazu kommt die schwierige Kocherei auf nur einer elektrischen Heizplatte bei nur schwachem Strom. Viele Umstände können da nicht gemacht werden. Die Platte ist sowieso von morgens früh um halb sieben bis nachts in Gebrauch!

Heute berichtet die Zeitung über Hitlers Tod. Dabei wird bedauert – wie wir es auch empfinden – daß man dieses Ungeheuer nicht mehr zur Rechenschaft ziehen konnte.

Mittwoch, 2. Mai, Hollywood
Alfred Döblin an Elvira und Arthur Rosin

So erleben wir denn jetzt, wenn auch noch nicht das Ende dieses Krieges, so doch den Sturz des Nazitums. Geht es Ihnen so wie mir: ich kann mich beinah kaum darüber freuen. Daß diese Bestie endlich daliegt, gut; aber was hat sie angerichtet. Den andern Verbrecher, in Italien, hat man auch zur Strecke gebracht. Wenn nun doch ein allgemeiner belebender Wille entstünde, wenn wir nun doch einen Sturm von Freiheit und menschlichem Gefühl, Schmerz und Solidarität erlebten. Aber kaum etwas davon. Eine neue Zeit, eine neue weltpolitische Periode bereitet sich vor, die Mächte gruppieren sich neu, eine lange Schwächeperiode (Gott sei Dank) steht in Aussicht; welch Schlag für uns, daß Roosevelt hinging, – es fehlen Stimmen. Aber vielleicht krabbelt man sich zurecht; wir hatten eine greuliche Zeit der »großen« Männer; vielleicht findet sich die Menschheit, ungestört von den schändlichen Herren, besser zurecht. Mein persönlicher Bedarf an historischen Ereignissen ist nun völlig gedeckt, – Ihrer wohl auch. Immerhin zeigt sich wieder einmal: zuviel Heldentum macht sich auch für die Helden schlecht bezahlt; am Schluß hängt man sie an den Hammelbeinen auf (man sollte eigentlich gleich damit anfangen).

Mittwoch, 2. Mai, Jerusalem
Tagebuch Schmuel Hugo Bergman

Früh die Nachricht vom Tode Hitlers, die ohne jeden Eindruck vorübergegangen ist, zum Teil vielleicht, weil man sie nicht glaubt, zum Teil, weil man darauf vorbereitet war und zum Teil, weil nach allem, was geschehen ist und was als Gift in den Seelen da ist und weiter wirkt, der Tod des Haupturhebers keine Rolle spielt. Es ist keine Freude in der Luft bei diesem Siege, so wenig wie Begeisterung beim Kriegsanfang war. Eben die Kapitulation der deutschen Truppen in Italien im Radio gehört mit der Beschreibung der Unterzeichnung des Protokolls in Caserta.

Mittwoch, 2. Mai, Tutzing
Tagebuch Wilhelm Hausenstein

Es gab im Dorf Leute, die über diese »jüdische Landplage« zu jammern sich anlassen wollten. Ihnen war leicht zu antworten: hätte man sie belassen, wo sie zuhause waren, so wären sie nun nicht hier! Immerhin *bedurfte* es dieser simplen Logik, um den Leuten einen Star zu stechen: zwölf Jahre systematisch betriebener Verblödung haben eine hartnäckige Nachwirkung bis in mittlere Köpfe hinein, nicht bloß in subalternen Schädeln.

Es bestand die Möglichkeit (und noch ist sie nicht ganz ausgeschlossen), daß Tutzing von seiner Einwohnerschaft geräumt
werden muß und den deportierten Juden überlassen wird. Sollte
es dahin kommen, so wird man sich an die Einsicht halten müssen, daß es das Wesen eines Bumerangs ausmacht, zurückzu-
kehren. Wenn die Unschuldigen *mit* den Schuldigen leiden
müssen, so ist dies in der von Gott selbst verhängten Solidarität
der Menschen begründet: sie haften *gemeinschaftlich* vor *Seinem* Angesicht. Und überdies: wer in Deutschland könnte heute
sagen, er sei unschuldig?

Mittwoch, 2. Mai, Sonderborg/Dänemark
**Fridolin Müller an seine Frau Mareike
in Oldenburg/Oldenburg**

Jetzt bringt ein Tag mehr an großen Ereignissen als sonst ein
ganzes Jahr. Die Nachricht vom Tode des Führers hat doch erschütternd gewirkt. Man wußte ja, daß er mit diesem Ziel nach
Berlin gegangen war, aber als dann dieser für den ganzen Krieg
so entscheidende Augenblick eintrat, konnte man ihn doch nur

*Deutsche Truppen Anfang Mai auf dem Weg in die britische Gefangenschaft an
der deutsch-dänischen Grenze*

schwer fassen. Nun hat sich mit Hitlers Tod ein Abschnitt der Geschichte vollendet, der Deutschland über größte Triumphe in tiefstes Elend führte. Mit welchen Gefühlen muß dieser Mann gestorben sein! Es ist schon ungeheuer tragisch, nach solchen Erfolgen schließlich doch alles wieder zusammenbrechen zu sehen, vielleicht nur, weil man einmal den Bogen überspannt und zuviel gewagt hat.

Ich glaube, daß der Krieg jetzt aus ist. Der Kampfgeist der Truppe ist gebrochen, jetzt, wo kein Ziel mehr da ist. Wie es möglich gemacht werden soll, unter einer Kapitulation gegenüber England u. Amerika weiter gegen Rußland zu kämpfen, ist uns allen unklar. Es wird wohl auch nichts draus. Die andern werden nicht ruhen, bevor sie uns gänzlich entwaffnet haben. Ähnlich haben wir es ja auch schon mit Frankreich gemacht. Jedenfalls ging dort der Kampf nach der Bitte um Waffenstillstand auch noch lange weiter. Es tun einem eigentlich die immer ganz besonders leid, die gänzlich unnütz noch nach der Entscheidung fallen.

Mittwoch, 2. Mai, Konzentrationslager Sandbostel
Tagebuch Elfie Walther

Ich habe gerade etwas Zeit. Ich will schnell niederschreiben was heute los war. Um 5 Uhr wurden wir von den Franzosen geweckt. Ich bin gegen morgen doch wohl ein wenig eingeschlafen. Nachts mußte ich immer nur an all das Schreckliche denken. Das glaubt uns ja zu Hause keiner, wenn wir das berichten. Ich mußte immer daran denken, wie wir den Führer geliebt und verehrt hatten. Alles, was der uns sagte war Lüge! Was ist das denn gewesen, der Nationalsozialismus? Wir dachten doch immer, das sei etwas Schönes und Edles. Wieso war alles so grausam? Warum bringen die denn unschuldige Menschen um, die so hilflos sind? Man kann doch mit seinen Feinden nicht so umgehen! Das ist ja unfaßbar. In dieser Nacht bin ich endgültig fertig geworden mit all dem, was ich für gut gehalten habe. Menschen sind widerliche Schweine – alle, alle – ich eingeschlossen. Und dann soll es einen Gott geben? Und der läßt das alles zu?

Gut, daß wir einen so schweren Tag vor uns hatten! Da konnten wir wenigstens helfen und versuchen, ein bißchen wieder gutzumachen, was die SS angerichtet hat.

Um 8 Uhr sollten die ersten Kranken kommen. Die Älteren hatten auch nachts gearbeitet, um noch eine weitere Baracke zu reinigen. Vor 8 Uhr mußten wir noch die Bude der französischen Wachmannschaft aufräumen und wischen, und dafür bekamen wir heißen Kaffee. Für diese Arbeit wurden Rosi, Inge und ich mit eingeteilt. Wir erfuhren, daß wir solange im Lager bleiben sollten, bis die Kranken transportfähig – oder gestorben sind.

Wir müssen immer neue Baracken säubern. Die Toiletten sind randvoll und stinken wie die Pest. Ich habe noch keinen Häftling gesehen und merke, daß ich froh darüber bin. Ich habe Angst davor, sie zu sehen. Wie können wir uns entschuldigen?

Donnerstag, 3. Mai, Berlin
Tagebuch Max B.

Auch heute ist es morgens ruhig geblieben – kein Schuß, kein Flieger, keine Bomben, – ein paar einzelne Gewehrschüsse, wie sie dann und wann von Posten oder beim Gewehrreinigen mal abgegeben werden ist alles. Erst noch im Munterwerden dies überlegend – kommt einem nochmals zum Bewußtsein, – wie unfaßbar das alles zu sein scheint. Man steht ja noch so dicht an den großen Ereignissen der letzten Tage, daß der Wandel zum Besseren, die Umstellung auf den Zustand des Friedens fast schwierig erscheint. Wie? – Man soll nicht mehr in den Luftschutzkeller müssen, den man bislang fast Abend für Abend aufsuchte, nicht mehr all die 1000 Belästigungen, Unzuträglichkeiten, alle die schweren Gefährdungen des Lebens selbst, das ständige Bangen vor allzunahen Bombentreffern, vor Ausbombung und Verlust seiner letzten Habseligkeiten auf sich nehmen brauchen – und wieder ruhig schlafen können? – Einfach kaum zu glauben! – Aber dennoch, – es ist soweit! Das grausame Spiel ist aus, von nun an beginnen die Tage des Aufbaues!

Donnerstag, 3. Mai, Görlitz
Tagebuch Franz Scholz

Hitler ist tot. Der Kampf gegen Rußland aber geht weiter. Das wird Breslaus Schicksal. Das kann die Vernichtung unserer Stadt bedeuten. Admiral Dönitz wird als Hitlers Nachfolger genannt. In der Stadt und auf den Kasernen ist nochmals Halbmast für den toten »Führer« geflaggt. Am 2. Mai fällt um 15 Uhr Berlin. Nun muß auch Görlitz stündlich an die Reihe kommen. Die Spannung wird fast unerträglich. Was wird Dönitz tun? Über sein Verhältnis zur NS-Partei ließ er bisher nichts Verbindliches verlauten. Ob er verhandelt? Ob er auch Rußland die Kapitulation anbieten wird? Ob dann Görlitz erst nach einem Waffenstillstand in russische Hände fällt und damit der Verwüstung entgeht? Ob er die West-mächte zu gemeinsamem Kampfe gegen die Bolschewisten zu gewinnen sucht? Manche Indizien weisen auch darauf hin. Oder ob er aus dem fanatischen Willen, bis zum letzten Mann zu kämp-fen, alles zerschlagen läßt? Das wäre dann auch unser Schicksal ... Prag wird offene Stadt. »Umordnung« der Regierung ist dort vorgesehen. – Auf dem Hindenburgplatz ist ein Volkssturmmann am Ast eines Baumes aufgehängt. Im Gerichtshof sollen noch mehrere hängen wegen Vorbereitung einer kommunistischen Revolte. So haben sich die Gewichte verschoben.

Freitag, 4. Mai, Mayrhofen/Österreich
Tagebuch Erich Kästner

Als wir, die Entdunklung feiernd, die Straßen und Gassen ent-langgingen, konnten wir uns mit eignen Augen – einem weinen-den und einem lachenden Auge – unterrichten, wie man aus alten und soeben verbotenen Fahnen neue, aufs innigste zu wünschende schneidert. Wir blickten in die Stuben und sahen, in jedem Fensterrahmen, das nahezu gleiche lebende Bild. Überall trennte man das Hakenkreuz aus den Hitlerfahnen. Überall zerschnitt man weiße Bettlaken. Überall saßen die Bäuerinnen an der Nähmaschine und nähten die roten und weißen Bahnen fein säuberlich aneinander. »Doch drinnen waltet die züchtige Hausfrau«, zitierte einer von uns. Und ein andrer sagte: »Sie ziehen sich die Bettücher unterm Hintern weg. Das nenn ich Opfermut!«

Freitag, 4. Mai, Konzentrationslager Sandbostel
Tagebuch Elfie Walther

Es ist grausam in den Typhus-Baracken. Mir fehlen die richtigen Worte, um all das Elend zu beschreiben. Das sind ja kaum noch Menschen. Skelette liegen dort, die aus ihren dreckigen Lagern, von oben bis unten mit Kot beschmiert, mit riesigen Augen auf uns starren. Ein Gestank!! Überall Kot und Urinlachen. Vor den Baracken stehen Latrinen. Dort sitzen die Kranken, die sich noch mit Mühe dorthin schleppen können. Viele jedoch setzen sich davor auf die Erde, weil sie viel zu schwach sind, sich auf den Stangen zu halten.

Wie schäme ich mich in diesem Augenblick, Deutsche zu sein! Was haben wir angerichtet! Und meine Mutter glaubte nicht, daß Deutsche so etwas täten! Morgen müssen wir unseren richtigen Pflegedienst antreten. Eben kamen Engländer mit einem Spritzapparat. Wir wurden gegen Läuse und anderes Ungeziefer mit DDT-Puder eingesprüht. Von oben bis unten. Unsere Haare sind nun ganz weiß.

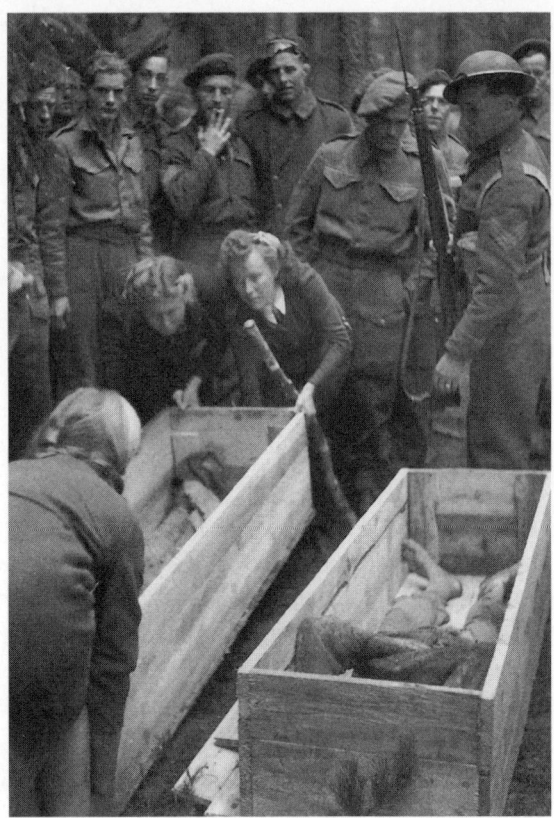

Beisetzung von KZ-Opfern nach der Befreiung eines Lagers durch britische Truppen

Samstag, 5. Mai, Löbau
Tagebuch Klaus Granzow

Gestern kamen wir hier in Löbau an. Es ist die Heimatstadt von unserem K 2. Aber Heinz traut sich nicht, nach Hause zu gehen. Er will nicht fahnenflüchtig werden, weil Todesstrafe darauf steht. Auch muß die Bevölkerung bis Mittwoch räumen, so glaubt Heinz, daß seine Mutter gar nicht mehr zu Hause ist. Oh, wenn ich durch Mützenow käme, ich würde sofort nach Hause gehen. Denn im Westen ist bereits Waffenstillstand. Es geht dem Ende zu. Die tollsten Gerüchte schwirren herum. Man glaubt, daß der Amerikaner unsere Gefangenen frei läßt und wieder bewaffnet, um die Bolschewisten aus Deutschland herauszuwerfen. Denn die Heimat muß doch einmal wieder befreit sein. Einige von uns hoffen noch auf einen neuen Angriff, die meisten aber hoffen auf das Ende. Alle aber wollen sofort weitermachen, wenn sie mit dem Amerikaner gegen die Russen gehen können, egal, wie lange der Krieg dann noch dauert.

Sonntag, 6. Mai, Auerbach/Vogtland
Tagebuch Günther B.

Nach 14 Uhr habe ich in Rodewisch Brot geholt und auf dem Postplatz die ersten Amerikaner gesehen. Während dieser Zeit wurde auch Rebesgrün besetzt. Und um 5 Uhr sahen wir die ersten Ami wie sie bei Gundel Fleischer ins Haus gingen. Kurz danach betraten zwei Ami unser Haus und unsere Wohnung und fragten nach Pistolen, Photoapparat und Fernglas. Von Papa verlangten sie den Ausweis. Schweren Herzens gab ihnen die Mama unseren Photoapparat. [...] Die ersten Ami Autos mit deutschen Kriegsgefangenen, darunter das Wehrmeldeamt Auerbach, fuhren bei uns vorbei.

Montag, 7. Mai, bei Triest/Italien
Tagebuch Martin Hauser

22.30 Uhr. Während ich diese Zeilen schreibe, höre ich draußen Gewehrschüsse, das Knallen von Feuerwerk, das Singen der Menschenmenge, die sich durch die engen Straßen dieses Dorfes wälzt, ganz in der Nähe von Triest. Es ist Nacht, und durch die Fenster dringt der Schein von roten, grünen und weißen Leuchtkörpern, die gegen den dunklen Himmel fliegen und für einen Augenblick mit dem Glanz der Sterne konkurrieren. Die Welt feiert das Ende des Krieges in Europa.

[...]

Ich halte ein Glas Bier in der Hand, schaue in das durchsichtige gelbe Getränk, und meine Gedanken wandern. – – Das ist also das Ende. Sieht so der Frieden aus? Empfindet man ihn so? Hier sitzen wir, eine Gruppe von Männern, die vor langer Zeit Haus und Familie verlassen haben, die sich loslösten von der Routine des täglichen Lebens in der Vergangenheit, um ihr Leben in der Zukunft zu sichern. Hier sitzen wir, glücklich mit heilen Gliedern und Sinnen durch diese Jahre voll Gefahren und Schrecken gekommen zu sein. Aber wo ist die Freude, die Begeisterung, die von uns erwartet werden kann? Nichts dergleichen – ein Lächeln hier, ein Schmunzeln da, ein Witz, während man das Bier trinkt. Die Zeit vergeht mit dem Austausch von Erinnerungen – Erinnerungen an vergangene Zeiten, schwere Kämpfe, Freunde, die gefallen sind. Schwer lastet auf jedem die Vergangenheit. Man spürt ihren Druck. Auch ich spüre ihn. Für fünf Jahre, acht Monate und fünf Tage tobten die Kriegsfurien über Europa und Afrika, – starben Millionen, litten Millionen, wurden Städte verwüstet, Industrie und Landwirtschaft zerstört, wurde der Tod in Form von Bomben und Minen über Felder und Wälder gesät. Energien und geistige Schöpfungskraft der Menschen konzentrierten sich in erster Linie auf Mittel zur Vernichtung der Zivilisation des zwanzigsten Jahrhunderts – soweit überhaupt von Zivilisation noch die Rede sein konnte. Für über fünf Jahre herrschte körperliche und geistige Knechtschaft über dem europäischen Erdteil, war Kampf für Freiheit und Gerechtigkeit identisch mit der Gefahr eines qualvollen Todes.

Montag, 7. Mai, Mount Pleasant, Michigan/USA
Tagebuch Werner Vordtriede

Das Radio berichtet von einer bedingungslosen Übergabe der Deutschen. Noch ist es nicht offiziell. Die ungeheure Erleichterung, die ich für solch einen Tag immer voraussah, stellt sich nun doch nicht ein. Man hat sich mattgefühlt.

Montag, 7. Mai, Haifa/Palästina
Arnold Zweig an Lion Feuchtwanger
in Pacific Palisades, Kalifornien/USA

Schade nur, daß jeder Tag unsereinen und nicht nur unsereinen tiefer in eine allgemeine Abspannung taucht, in eine Gleichgültigkeit gegen alle privaten Wichtigkeiten. Es ist angenehm zu sehen, wie wenig Überheblichkeit, Siegerkranz und Siegerfreude in all unsern Zeitgenossen hier vorwaltet, daß man kaum Schadenfreude hört, wenn von den geschlagenen Deutschen die Rede ist, und fast nirgendwo dem Naziraubtier ein gleichartiges Raubtiergebiß entgegengefletscht wird. Der Job war schwer, er mußte getan werden, er wurde auch getan, ohne die Russen hätten wir's nicht geschafft, und nun – laßt uns sehen, was wir aus unserm Leben noch machen können.

Dienstag, 8. Mai, Santa Monica, Kalifornien/USA
Arbeitsjournal Bertolt Brecht

Nazideutschland kapituliert bedingungslos. früh sechs uhr im radio hält der präsident eine ansprache. zuhörend betrachte ich den blühenden kalifornischen garten.

Dienstag, 8. Mai, Oslo
Tagebuch Heimito von Doderer

Außen. Ein heller, blauer, windwehender Frühlingstag. Jubel, Fahnen, Fähnchen, Flaggen, die Straßen dichtgesäumt von Menschen. [...]

Heut' ist ein Doppel-Leben, das ich der brutalen Gewalt in mich einzubauen erlaubte – den organisierten Schrecken von Anfang an einer persönlichen Exposition vorziehend – zum Kristall geworden. Dessen Kanten und Flächen werden bei Vielen nicht so scharf und drückend sein wie bei mir; aber bei manchen doch vorhanden, unvollständig zwar, aber in den Grundlinien oder mindestens angedeutet. Man kann durch Dulden schuldig werden. So, letzten Endes, hat der totale Staat den Menschen eingesackt; und die Kulmination liegt dort, wo das was einer vorstellt, mit dem, was einer ist (um Schopenhauerisch zu reden), keinerlei Konnex mehr hat: nur die Klammer jener Grundschuld durch Dulden hält beides noch zusammen.

Wiederkehr des Lebens. Ja, ich fühl's: das Leben ist wieder da, es wird auch an mich als an einen Einzelnen wieder herantreten. Der Kristall, den ich oben metaphorisch erwähnt habe, muß, zur Vollendung gekommen, alsbald zerspringen. – Das war noch eine gute Stunde jetzt; mein Nachbar, ein mir nicht näher bekannter Soldat, hat mir sogar eine Tasse voll echtem Kaffee gebracht. – Wir gehen der Kriegsgefangenschaft entgegen, der Deklassierung, wieder einmal dem Leben in trüber Masse in Baracken und hinter Stacheldraht ... »wir«: das hat ein Ende. Dieser doppelte Boden bricht ein. Jetzt heißt es: ich. Und ich will's ertragen.

Amerikanische GIs nehmen kapitulierenden deutschen Soldaten die Waffen ab

Tagebuch Wilhelm Hausenstein

Heute Nachmittag im Dankgottesdienst, dem eine recht würdige Aufführung einer Messe von Haydn einigen Glanz gab. Der Cellist Hoelscher wirkte mit; er hatte vom Hakenkreuz auf die Orgelempore hinaufgefunden ... Ach, keiner will jetzt »dabei« gewesen sein; keiner hat das Parteizeichen im Rockumschlag ernst gemeint; die Charaktere stehn in Blüte ... es ist zum Speien. Im Rathaus drängen sich Geschäftemacher, suspekte Figuren mit nazistischer Vergangenheit in den Vordergrund. Das Leben scheint nicht anders zu sein. Von einer Umkehr merkt man kaum Anzeichen.

Dienstag, 8. Mai, Pacific Palisades, Kalifornien/USA
Tagebuch Thomas Mann

Außergewöhnlicher und ermüdender Tag. Nüchtern mit K. nach Beverly Hills zum Röntgen-Laboratorium: Zahlreiche Durchleuchtungen und Aufnahmen nach Einverleibung von etwas Wismut-Getränk. Dauer: eine Stunde. Zu Hause wieder zu Bette gegangen, geschlummert und Zeitung gelesen. Keine Nahrung. 1/2 3 Uhr erneute Fahrt zum Laboratorium mit Erika. Kontroll-Aufnahme, wieder im weißen Hemd mit Rückenverschluß. Umständlich. Nahrung freigegeben. Im Auto etwas Wermut und Cigarette. Zu Hause Suppe, Kotelets und Kaffee. Zeitschriften gelesen. Vorm Abendessen Brief an Hardt diktiert (der *keinen* Geburtstags-Rezitations-Abend geben soll) und Handschriftliches erledigt. A. M. Frey gedankt für seine Besprechung des »Moses«. Abends franz. Champagner zur Feier des VE-day★. Hörten die Reden von Truman und Churchill. Die Russen nehmen Breslau, Dresden, Olmütz. Beschreibung der Unterzeichnungsszene in Reims. Jodls Ansprache und Appell an die »Generosität«. Radio-Ansprache des Dönitz an das Volk. Die

---

★ Victory in Europe, der Tag der deutschen Kapitulation.

Grundlage des national-sozialistischen Staates sei zerstört, die Partei vom Schauplatz verschwunden. Er wolle versuchen, in den kommenden schweren Zeiten hilfreich zu sein. Goering und Himmler sollen bei ihm in Flensburg sein. Sagt, das Recht müsse in Deutschland herrschen und das Ziel sein, der europäischen Völkerfamilie anzugehören nach Überwindung des Hasses, der Deutschland jetzt rings umgebe. Weiter geht die Verleugnung des Nazitums nicht und kann von dieser Seite nicht weitergehen. – Die Russen suchen weiter vergebens nach Hitlers Leichnam.

Dienstag, 8. Mai, Kutzer/Ostpommern
Tagebuch Käthe von Normann

Am Abend erscheint der polnische Polizist mit Gewehr und verkündet: »Frieden!« – O, diese Nachricht, die man Jahre hindurch ersehnt hat! Man kann's noch nicht fassen. Der Gedanke an Philipp bringt mir das Wasser in die Augen. Ob er wohl diese Nachricht auch jetzt erhalten hat und nun in Sehnsucht mehr denn je an uns denkt? Gott schütze ihn und führe ihn wieder mit uns zusammen, das ist unser tägliches Abendgebet. Wir singen: »Nun danket alle Gott.« – Man sinkt abends völlig erledigt aufs Bett. Die ständige Unruhe und die vielen Aufregungen, dazu die schwere Arbeit! Es ist doch etwas zu viel für den Körper.

Dienstag, 8. Mai, Mount Pleasant, Michigan/USA
Tagebuch Werner Vordtriede

Heute wurde offiziell der europäische Waffenstillstand verkündet. Abends veranstaltete das College eine Siegesfeier, die mir langweilig schien, mit nichtssagenden Reden. Erst im Augenblick, da sie zu Ende war, wurde mir klar, wie gutmütig das alles gesagt wurde, mit welch nüchternem Anstand, in dem keine Trunkenheit war und nichts von Revanche oder Haß verlautete.

Da merkte ich erst, mit welcher Erregung und Angst ich in die Feier gegangen war, gefaßt auf Jubel gegen die Hunnen. In einem raschgebietenden Impuls ging ich daher hinterher zum Präsidenten Anspach (dem ich eigentlich seine leere, mit business-Rhetorik angefüllte Rede übelnehmen wollte) und bekannte ihm, unselig stammelnd und den Tränen nahe, meine Dankbarkeit. Er sah mich aus seinen kleinen Augen an, verstand nichts und sagte nur: »Well, that's the way we do things over here.« Er gab mir also eine (wohlverdiente) Lektion. Ich muß ihm wie ein aus dem Gleichgewicht geratner Schwärmer vorgekommen sein. Ich muß lernen, fremden Menschen nicht mein Herz anzutragen.

Dienstag, 8. Mai/Mittwoch, 9. Mai, New York
Tagebuch Alfred Kantorowicz

Einige falsche Alarme hatten in den vergangenen Tagen die Kapitulation der Reste von Hitlers Armee vorweggenommen. Seit heute ist das Überfällige amtlich. Ich habe mir die Nachtschicht gewählt, meine jungen Reporter zu den Siegesfeiern in den Straßen New Yorks gehen lassen und bin mit meinem Schreibheft allein in dem Abhörraum des Newsroom. Es ist gut, heute allein zu sein. Das also liegt hinter uns. Immerhin zwölf Jahre. Zwölf Jahre, die die Verbrechen von tausend Jahren angehäuft haben. Ich versuche mir eine Vorstellung davon zu machen, wie es jetzt da drüben aussieht, aber ich weiß, daß jede Vorstellung vor der millionenfältigen Wirklichkeit versagen muß. Noch wage ich nicht weiterzudenken. Von irgendwoher wird Beethovens Fünfte gesendet. Die Hymne des Sieges!? Es gibt keinen Sieg. Es gibt am Ende dieses Krieges nur Besiegte.

~ *Mittwoch, 9. Mai, Tetschen/Böhmen*
Tagebuch Klaus Granzow

Kurz vor Tetschen sah ich den ersten Russen. Ich dachte, nun ist es aus! Er lief in seiner verdreckten Uniform, Maschinenpistole über der Schulter, auf mich zu und – umarmte mich. Er war nicht älter als ich, lachte, lachte, lachte und schrie immerzu: »Woina kaput! Woina kaput!« Und dann rief er noch mit beiden Armen eifrig winkend: »Na domo, na madga!« Das verstand ich nur, weil ich es von Zygmunt auf polnisch oft gehört hatte.

Der Russe hatte recht: Wir durften gehen, wohin wir wollten. Niemand nimmt uns gefangen, alle Soldaten dürfen nach Hause gehen! Nach Hause! Soll ich es wagen, nach Hause zu gehen?

Der ehemalige Chef des Oberkommandos der Wehrmacht, Wilhelm Keitel, unterzeichnet im Hauptquartier der sowjetischen Streitkräfte in Berlin-Karlshorst am 9. Mai um 00.16 Uhr die bedingungslose Kapitulation der deutschen Wehrmacht

Erst einmal schlafen. Ich liege in einem Heuschober an der
Straße nach Tetschen. Morgen geht es weiter. Lieber Gott, hilf
mir, daß ich nach Hause komme.

Mittwoch, 9. Mai, Tutzing/Bayern
Tagebuch Wilhelm Hausenstein

Es erschreckt, nein, es entsetzt, zu sehen, daß die Katastrophe in
den Menschen keinerlei moralische Veränderung hervorbringt.
Ich beobachte dies zwar bloß in dem schmalen Sektor, den ich
überblicken kann (unmöglich, über die Grenzen des Dorfes hin-
auszugehen, schon der Wald hinter dem Hause ist eine Art Wild-
west, wo verdächtige Figuren streunen, und grundsätzlich ist
der Austritt aus dem Dorf untersagt). Allein es ist ja leider an-
zunehmen, daß es anderwärts ebenso zugeht, wie hier: von den
Ereignissen ist *keine verwandelnde Gewalt* auf die Gemüter aus-
gegangen – die wenigen ausgenommen, für die es des Zusam-
menbruchs und der von Haus zu Haus bettelnden Juden nicht
erst bedurfte. *Auf was um des Himmels willen warten die Menschen noch?* Sie weinen, wenn man ihnen (fürs Erste) die Wohnungen wegnimmt, um Offiziere und Soldaten einzuquartieren;
das heißt: sie weinen über den Verlust der noch immer herge-
brachten Bequemlichkeit, aber sie beziehen nichts, rein nichts
auf den Gedanken der Züchtigung, deren jeder Deutsche harren
muß (jeder, und ich nehme mich wahrhaftig nicht aus). Wollte
nun endlich die Kirche das Wort ergreifen! Wollte sie Prediger
aussenden, wie Savonarola einer gewesen ist! Er war mir je und je
schrecklich, aber jetzt wäre der Moment für ihn und Seinesglei-
chen reif! Indes, die Kirche hat in den verflossenen Jahren wohl
allzu sehr geschwiegen – in die Tiefe und die Breite geschwiegen, denn der *eine* Graf Galen hat am Ende bloß die *Ausnahme*
demonstriert.

Die Leute streichen heute um die drei Fahnen der Okkupation,
wie sie 1933 um das rote »Banner« mit der schwarzen Spinne im
weißen Rundfeld herumgestrichen sind: in fellachenmäßiger
Weise unterwürfig – und schon verstehen sie, mit der neuen

Situation Geschäfte zu machen! Ich warte bloß auf den Augenblick, wo die Lebensmittel den Käufern mit fremder Währung vorbehalten bleiben, nämlich von den Händlern und Bauern her. Begreiflich gewiß, wenn diese so spekulieren; nicht begreiflich, wenn es ihre *einzige* Überlegung ist.

Deutsche Zivilisten beim Einmarsch britischer Verbände am 4. Mai

1945, *London*
Aufzeichnungen Elias Canetti

Der Zusammenbruch der Deutschen geht einem näher, als man es sich zugestehen mag. Es ist das Maß der Täuschung, in der sie gelebt haben, das Riesenhafte ihrer Illusion, das Blindmächtige ihres hoffnungslosen Glaubens, was einem keine Ruhe gibt. Man hat immer die verabscheut, die diesen eklen Glauben zusammengeleimt haben, die wenigen wirklich Verantwortlichen, deren Geist zu soviel gerade noch ausgereicht hat, aber die anderen alle, die nichts getan als geglaubt haben, in wenigen Jahren mit soviel konzentrierter Kraft wie die Juden sie über die Jahrtausende aufbrachten, die Leben und Appetit genug hatten, um ihr irdisches Paradies, Weltherrschaft, wirklich zu wollen, alles übrige dafür zu töten, selber dafür zu sterben, alles in kürzester Zeit, diese unzähligen, blühenden, strotzend gesunden, einfältigen, marschierenden, dekorierten Versuchstiere für Glauben, abgerichtet zum Glauben, dressiert wie kein Mohammedaner, – was sind sie denn wirklich jetzt, wenn ihr Glaube zusammenstürzt? Was bleibt von ihnen übrig? Was sonst war in ihnen vorbereitet? Welches zweite Leben könnten sie jetzt beginnen? Was sonst sind sie ohne ihren furchtbaren militärischen Glauben? Wie sehr fühlen sie ihre Ohnmacht, da es für sie nichts als Macht gab? Wohin können sie noch fallen? Was fängt sie auf?

Ein deutscher Soldat nach der Kapitulation

Der Zweite Weltkrieg (1939–1945) hinterläßt unvorstellbare Zerstörungen und millionenfaches Leid. Die Bevölkerungsverluste übertreffen jene des Ersten Weltkriegs (1914–1918) bei weitem: weltweit ca. 22 Mio. gefallene und vermißte Soldaten, ca. 28 Mio. zivile Tote, darunter etwa 6 Mio. ermordete Juden. Allein in Europa sind beinahe 40 Mio. Tote zu beklagen: über 20 Mio. sowjetische Bürger (davon mindestens 10 Mio. Zivilisten), 6,8 Mio. Deutsche und Österreicher (2,1 Mio. Zivilisten), 4,1 Mio. Polen (4 Mio. Zivilisten), 1,7 Mio. Jugoslawen (1,4 Mio. Zivilisten), 600 000 Franzosen, 500 000 Rumänen, 500 000 Italiener, 450 000 Griechen, 430 000 Ungarn, 350 000 Briten, 340 000 Tschechen und Slowaken, 210 000 Niederländer, 100 000 Finnen, 88 000 Belgier, 35 000 Bulgaren, 30 000 Albaner, 10 000 Norweger, 7 000 Dänen, 5 000 Luxemburger sowie 274 000 weltweit gefallene US-Amerikaner. Die materiellen Schäden und Verluste sind kaum zu beziffern: in Deutschland allein liegen über 1 000 Städte und 24 Mio. Wohnhäuser in Trümmern, die industrielle Produktion beträgt bei Kriegsende nur noch 33 Prozent des Standes von 1938.

Bei Kriegsende geraten etwa 11,1 Mio. deutsche Soldaten in alliierte Kriegsgefangenschaft, davon ca. 3,15 Mio. in sowjetisches Gewahrsam. Die letzten deutschen Kriegsgefangenen kehren erst 1956 aus den sowjetischen Lagern zurück. Die Zahl der dort Umgekommenen wird auf 1,1 Mio. Menschen geschätzt. Von den ca. 5,7 Mio. sowjetischen Kriegsgefangenen überlebten nur 2,4 Mio. die deutsche Gefangenschaft.

Alle weiteren Folgen des Krieges in Europa und in den anderen Erdteilen – die physischen und psychischen Kriegsverletzungen, Vertreibungen, Verschleppungen und Verfolgungen, »ethnischen Säuberungen«, die Aufteilung und Neuordnung von Gebieten samt deren sozialen und wirtschaftlichen Folgekosten – sind hierbei noch gar nicht berücksichtigt.

Die individuellen Verluste der Menschen sind in den Chroniken nicht dokumentiert.

Personen*

Adenauer, Konrad (1876–1967), seit dem 4. Mai 1945 von den Amerikanern mit den Amtsgeschäften des Kölner Oberbürgermeisters betraut.

Andre, Elisabeth, Freundin von Elisabeth Langgässer.

Andreas-Friedrich, Ruth (1901–1977), Journalistin, konservativen Widerstandskreisen nahestehend.

B., Günther (geb. 1930), Hitlerjunge.

B., Heinz, Soldat in der Versorgungskompanie einer Panzerabteilung.

B., Herta (geb. 1931), seit 1943 Ladenhilfe bei ihrem Onkel in Ostpreußen. 1947–1954 in einem sibirischen Straflager.

B., Max (1895–1969), wegen seiner jüdischen Herkunft von der Deportation bedroht, seit 1943 von Freunden versteckt. Er kehrt im April 1945 nach Berlin zurück.

Barth, Karl (1886–1968), Schweizer reformierter Theologe.

Bauer, Fritz (geb. 1913), 1939–1945 Domkaplan in Würzburg.

Beckmann, Max (1884–1950), Maler und Grafiker, Emigration 1937 nach Amsterdam.

Behl, Carl Friedrich Wilhelm (1889–1968), Jurist, Freund Gerhart Hauptmanns und Herausgeber von dessen Werken.

Benn, Gottfried (1886–1956), Schriftsteller, Facharzt für Haut- und Geschlechtskrankheiten, 1935 in der Heeressanitätsinspektion, 1937 im Stab eines Generalkommandos, 1940–1943 Oberstarzt in der Wehrmachtsverwaltung in Berlin, dann in Landsberg an der Warthe, Januar 1945 Flucht nach Berlin.

Bergman, Schmuel Hugo (1883–1975), in Prag aufgewachsen, 1920 nach Palästina ausgewandert, seit 1935 Professor für Philosophie an der Hebräischen Universität in Jerusalem.

---

* angegeben ist die jeweilige Situation bei Kriegsende

Bernhard, Henry (1896–1960), Journalist und Politiker, bis 1934 im Auswärtigen Amt, 1939–1945 bei der Daimler-Benz AG in Stuttgart beschäftigt.

Boor, Lisa de (1894–1957), Schriftstellerin.

Borkowski, Dieter (geb. 1929), Luftwaffenhelfer.

Bormann, Martin (1900–1945?), seit 1941 Leiter der Parteikanzlei der NSDAP, seit 2. Mai 1945 verschollen.

Braach, Emilie, Jüdin, verheiratet mit einem nichtjüdischen Journalisten.

Brecht, Bertolt (1898–1956), Schriftsteller, 1933 emigriert, seit 1941 im Exil in den USA.

Broch, Hermann (1886–1951), österreichischer Schriftsteller, 1938 in Österreich verhaftet, nach Entlassung aus der Haft Emigration in die USA.

Bruno, unbekannter Soldat.

Canetti, Elias (1905–1994), Schriftsteller, 1938 aus Wien nach England emigriert.

D., Otto, Panzerschütze, seit Ende 1944 in einer Kaserne in Eisenach.

D., Richard (1896–1955), Hauptmann in einer Nachrichteneinheit.

Doderer, Heimito von (1896–1966), österreichischer Schriftsteller.

Döblin, Alfred (1878–1957), Schriftsteller und Arzt, 1933 Emigration über Frankreich, seit 1940 in den USA.

Dünkelsbühler-Schaible, Elisabeth – Pseud.: Barbara Gaugenwald; Elisabeth Schaible (1896–1976), Schriftstellerin. Nach dem Berufsverbot ihres Mannes, des »halbjüdischen« Malers Otto Dünkelsbühler, durch die Reichskulturkammer, zieht sie mit Familie von Berlin nach Gaugenwald, 1938 nach Nagold.

E., Fritz (geb. 1914), Oberfeldwebel.

F., Hedwig, Stabshelferin im Heerespersonalamt.

Feuchtwanger, Lion (1884–1958), Schriftsteller, Emigration 1933, seit 1940 in den USA.

Ferdl, Österreicher, Angehöriger des Stabes einer Luftnachrichten-Abteilung beim Wehrmachtsbefehlshaber Niederlande.

G., Kurt (geb. 1915), Zugführer in einer Flakeinheit, seit Mai 1943 in amerikanischer Kriegsgefangenschaft.

G., Lothar, Obergefreiter bei einer Heeres-Flakabteilung.

Goebbels, Joseph (1897–1945), Reichsminister für Volksaufklärung und Propaganda, Selbstmord am 1. Mai 1945.

Granzow, Klaus (geb. 1928), zwischen 1943 und 1945 in einem Hitlerjugendlager, einem Wehrertüchtigungslager der Waffen-SS, dann als Marinehelfer, Reichsarbeitsdienstmann und schließlich als Soldat eingesetzt.

Grosche, Robert (1888–1967), Pfarrer und Stadtdechant von Köln.

Grosz, George (1893–1959), Maler und Grafiker, 1932 in die USA emigriert.

Gundolf, Ernst (1882–1945), Jurist und Privatgelehrter, 1938 Emigration nach England.

H., Ingeborg, Redaktionsassistentin.

H., Kurt, Schütze in einem Landschutz-Ersatzbataillon.

Haecker, Theodor (1879–9. April 1945), katholischer Redakteur und Essayist, seit 1938 Publikationsverbot.

Hagenbach, Marguerite, später verheiratet mit dem Schriftsteller und bildenden Künstler Hans Arp.

Hahn, Lili (geb. 1914), Journalistin, 1936 Berufsverbot aus rassischen und politischen Gründen.

Hartung, Hugo (1902–1972), Schriftsteller, seit 1944 eingezogen.

Haulot, Arthur (geb. 1913), belgischer Journalist und Radioreporter, als Mitglied der sozialistischen Widerstandsbewegung 1941 verhaftet, 1942 zunächst in Mauthausen, danach im KZ Dachau inhaftiert und am 29. April 1945 durch die Amerikaner befreit.

Hausenstein, Wilhelm (1882–1957), Schriftsteller.

Hauser, Martin (geb. 1913), Student, aktiv in der zionistischen Bewegung, 1933 Flucht nach Palästina. Seit 1940 im Kriegsdienst der britischen Armee.

Heartfield, John d. i. Helmut Herzfeld (1891–1968), Grafiker und Fotomonteur, 1933 Emigration nach Prag, 1938 nach London.

Heilers, Margarete B. (geb. 1914), Mitarbeiterin des »Jüdischen Gemeindeblatts« in Berlin, mit dem jüdischen Schriftsteller Will Pless verheiratet, der 1943 deportiert und am 30. Januar 1945 im KZ Dachau ermordet wird.

Heisler, Hermann (1912–1962), Doktor der Medizin und Historiker, befreundet mit dem Theologen Karl Barth.

J., Rudolf, Gefreiter, nach Verwundung als Ausbilder eingesetzt.

Jahn, Elfriede (geb. 1915), Landwirtschaftslehrerin.

Jünger, Ernst (1895–1998), Schriftsteller, nach dem 20. Juli 1944 wegen «Wehrunwürdigkeit» aus der Wehrmacht entlassen.

K., Erich, Oberfeldwebel in einem Ausbildungsbataillon.

K., P., Hausfrau.

Kästner, Erich (1899–1974), Schriftsteller, seit 1933 Verbot seiner Bücher in Deutschland.

Kantorowicz, Alfred (1899–1979), Journalist und Schriftsteller, 1933 nach Frankreich emigriert, Offizier im Spanischen Bürgerkrieg, von 1941 an im Exil in den USA. Seit 1942 von der New Yorker Rundfunkanstalt CBS mit der Auswertung deutscher Radiosendungen betraut.

Kardorff, Ursula von (1911–1988), Journalistin der »Deutschen Allgemeinen Zeitung«, Verbindungen zu führenden Männern des 20. Juli 1944.

Klemperer, Victor (1881–1960), Romanist, bis zu seiner Entlassung 1935 Professor an der TU Dresden. 1940 wird er mit seiner nichtjüdischen Frau in Dresden in ein »Judenhaus« eingewiesen.

Kraus, Hertha (1897–1968), bis 1933 Leiterin des Wohlfahrtsamts in Köln, 1933 in die USA emigriert, dort Professorin der Wirtschafts- und Sozialwissenschaften.

Kupfer-Koberwitz, Edgar (1906–1991), Schriftsteller, denunziert und daraufhin seit November 1940 im KZ Dachau inhaftiert. Im Oktober 1944 wird er bei einem Luftangriff verletzt und ins Krankenrevier verlegt.

Lange, Horst (1904–1971), Schriftsteller, 1945 nach einer Verwundung als Schreiber einer Gebirgs-Pioniereinheit eingesetzt.

Langgässer, Elisabeth (1899–1950), Schriftstellerin, seit 1936 Schreibverbot.

Loden Vogel d. i. Louis Tas (geb. 1921), niederländischer Medizinstudent seit 15. April 1944 als jüdischer »Austauschhäftling« in Bergen-Belsen inhaftiert. Wenige Tage vor Befreiung des Lagers wird er von der SS aus Bergen-Belsen abtransportiert, am 23. April 1945 von sowjetischen Soldaten befreit.

Mann, Thomas (1875–1955), Schriftsteller, Emigration 1933, seit 1939 im Exil in den USA.

Meckel, Annemarie, Hausfrau, seit 1931 mit dem Schriftsteller Eberhard Meckel verheiratet.

Meyer, Agnes E. (1887–1970), amerikanische Schriftstellerin und Journalistin.

Müller, Fridolin (1897–1972), Medizinalrat, Marinestabsarzt an Bord des Minenschiffs »Brummer«, das in Kiel festliegt.

Müller, Mareike (geb. 1907), Krankenschwester, Ehefrau von Medizinalrat Dr. Fridolin Müller.

N., Helmut (1916–1945), Unteroffizier, aus einer Arbeiterfamilie stammend.

N., Lore (geb. 1920), Büroangestellte.

Normann, Käthe von (geb. 1901), Gutsbesitzerin in Ostpommern.

Oelze, Friedrich Wilhelm (1891–1978), Jurist, Inhaber einer Importfirma, befreundet mit Gottfried Benn.

P., Ernst, Hauptfeldwebel in einer Flakabteilung.

Pf., Johannes, Unteroffizier in einem Artillerieregiment.

Quandt, Harald (1921–1967), Sohn von Magda Goebbels aus deren erster Ehe.

R., Gisela, Pfarrfrau. Ihr Mann ist im Rang eines Oberleutnants eingezogen.

Resch, Johannes (geb. 1914), Chirurg in einem Lazarett bei Bergen/Norwegen.

Ritter, Gerhard (1888–1967), Historiker, als Angehöriger des Widerstandskreises um Goerdeler 1944/45 in Berlin inhaftiert, angeklagt der »Mitwisserschaft an hochverräterischen

Unternehmungen«. Am 25. April 1945 wird Ritter vom Gefängnisdirektor entlassen.

Rosin, Arthur (geb. 1879), bis 1933 Präsident der Darmstädter Bank, 1934 Emigration nach Italien, seit 1936 in New York.

Rosin, Elvira, Frau von Arthur Rosin.

Rost, Nico (1898–1967), niederländischer Schriftsteller, Mitglied einer Widerstandsgruppe, seit Ende Mai 1944 im KZ Dachau inhaftiert.

S., Erika (geb. 1926), in einer Ausbildung zur Lehrerin. Ihr Vater ist als Mitglied der SPD seit 1933 mehrfach im KZ inhaftiert.

S., Hans (geb. 1896), Zugführer im Volkssturm Bataillon Franken.

S., Paul, Berliner Geschäftsmann.

Sahl, Hans (1902–1993), Schriftsteller, seit 1941 im Exil in den USA.

Sch., Fritz, Unteroffizier in einem Panzerregiment.

Sch., Paul, zunächst Gefreiter in einer Bäckerkompanie, bei Kriegsende SS-Rottenführer.

Scholz, Franz (1909–1998), 1940–1946 Hilfsgeistlicher der Kirchengemeinde St. Bonifatius in Görlitz-Ost.

Schwitters, Kurt (1887–1948), Schriftsteller und bildender Künstler, 1937 Emigration nach Norwegen, 1940 nach England.

Seidel, Edelgard (geb. 1930), Schülerin.

Singer, Kurt (1886–1962), Ökonom, 1939 Emigration nach Australien, dort bis 1941 interniert.

St., Ernst, SS-Unterscharführer bei einer SS-Sanitätskompanie.

Th., Egon (geb. 1925), Panzergrenadier.

Th., Hans, SS-Rottenführer bei einer SS-Sanitätskompanie.

Vogel s. Loden Vogel [= bleierner Vogel].

Vordtriede, Werner (1915–1985), 1933 als Student über die Schweiz und England in die USA emigriert, später Professor der Germanistik.

W., Erich (geb. 1911), Lehrer, seit 1938 aus dem Schuldienst entlassen.

Walther, Elfie (geb. 1928), Gymnasiastin, von den Briten seit 29. April 1945 im Konzentrationslager Sandbostel zu Hilfsarbeiten eingesetzt.

Weinheber, Josef (1892–8. April 1945 Selbstmord), österreichischer Schriftsteller.

Wolfskehl, Karl (1869–1948), Schriftsteller, 1933 Emigration nach Italien, seit 1938 im Exil in Neuseeland.

Z., Gerhard, Unteroffizier in einem Artillerieregiment.

Zweig, Arnold (1887–1968), Schriftsteller, 1933 in die Tschechoslowakei emigriert, von dort über die Schweiz und Frankreich nach Palästina.

Quellen

Wir danken allen Verlagen und Autoren für die Abdruck-genehmigung. Nicht für alle Texte konnten Rechteinhaber er-mittelt werden. Berechtigte Ansprüche richten Sie bitte an den Verlag.

Adenauer, Konrad: *Briefe 1945–1947.* Herausgegeben von Hans Peter Mensing. Berlin 1983 (Rhöndorfer Ausgabe). © Stiftung Bundeskanzler-Adenauer-Haus.

Andreas-Friedrich, Ruth: *Schauplatz Berlin. Tagebuchaufzeich-nungen 1945–1948.* Frankfurt/M. 1984. © Suhrkamp Ver-lag Frankfurt 1986.

Barth, Karl: *Offene Briefe 1945–1968.* Herausgegeben von Diether Koch. Zürich 1984 (Gesamtausgabe, Bd. 15). © Theo-logischer Verlag Zürich.

Bauer, Fritz: *Würzburg im Feuerofen. Tagebuchaufzeichnungen und Erinnerungen an die Zerstörung Würzburgs.* Würzburg 1985.

Beckmann, Max: *Tagebücher 1940–1950.* Herausgegeben von Eberhard Göpel. München, Zürich 1984. © R. Piper GmbH & Co. KG, München.

Behl, C. F. W.: *Aufsätze, Briefe, Tagebuchnotizen. Autobiogra-phisches und Biographisches zu Gerhart Hauptmann.* Hg. von Klaus Hildebrandt. München 1981. © Klaus Hildebrandt.

Benn, Gottfried: *Briefe. Bd. 1: Briefe an F. W. Oelze. 1932–1945.* Hrsg. von Harald Steinhagen/Jürgen Schröder. Vorwort von F. W. Oelze. Stuttgart 1977. © Klett-Cotta Verlag, Stuttgart.

Bergman, Schmuel Hugo: *Tagebücher und Briefe 1901–1975. Bd. 1: 1901–1948.* Herausgegeben von Miriam Sambursky. Königstein/Ts. 1985. © Jüdischer Verlag Frankfurt 1990.

Bernhard, Henry: *Finis Germaniae. Aufzeichnungen und Be-trachtungen.* Stuttgart 1947.

Besymenski, Lew: *Die letzten Notizen von Martin Bormann. Ein Dokument und sein Verfasser.* Stuttgart 1974.

Boor, Lisa de: *Tagebuchblätter. Aus den Jahren 1938–1945.* München 1963. © 1963 Verlag C. H. Beck, München. Die erste Auflage dieses Werkes ist im Biederstein Verlag erschienen.

Borkowski, Dieter, in: Reinhard Rürup (Hg.): *Der Krieg gegen die Sowjetunion 1941–1945. Eine Dokumentation.* Berlin 1991. © Berliner Festspiele GmbH, Berlin.

Bormann, Martin, in: Besymenski, *Die letzten Notizen von Martin Bormann.*

Braach, Emilie: *Wenn meine Briefe Dich erreichen könnten.* Herausgegeben von Bergit Forchhammer. Frankfurt/M. 1987.

Brecht, Bertolt: *Arbeitsjournal.* Frankfurt/M. 1973. © Suhrkamp Verlag Frankfurt 1993.

Breloer, Heinrich (Hg.): *Mein Tagebuch. Geschichten vom Überleben. 1939–1947.* Köln 1984. © vgs Verlagsgesellschaft, Köln.

Briefe des Soldaten Helmut N., 1939–1945. Herausgegeben von Marlies Tremper. Berlin, Weimar 1988. © Aufbau Verlag, Berlin.

Broch, Hermann: *Kommentierte Werkausgabe. Bd. 13.2: Briefe 2 (1938–1945).* Herausgegeben von Paul Michael Lützeler. Frankfurt/M. 1981. © Suhrkamp Verlag Frankfurt 1966.

Canetti, Elias: *Aufzeichnungen 1942–1948.* München 1965. © Carl Hanser Verlag, München, Wien.

Döblin, Alfred: *Briefe.* Olten, Freiburg i. Br. 1970. (Ausgewählte Werke in Einzelbänden, 13). © Patmos Verlag GmbH & Co. KG/Walter Verlag Düsseldorf, Zürich.

Doderer, Heimito von: *Tangenten. Tagebuch eines Schriftstellers 1940–1950.* München 1964. © 1964 Verlag C. H. Beck, München. Die erste Auflage dieses Werkes ist im Biederstein Verlag erschienen.

Feuchtwanger, Lion und Arnold Zweig: *Briefwechsel mit Freunden 1933 bis 1958. Bd. 1: 1933–1948.* Hg. von Harold von Hofe, Sigrid Washburn. Berlin, Weimar 1984. © Aufbau-Verlag, Berlin 1991.

Goebbels, Joseph: *Die Tagebücher.* Im Auftrag des Instituts für

Zeitgeschichte hrsg. von Elke Fröhlich. *T.2: Diktate 1941 bis 1945. Bd. 15: Januar–April 1945.* München u. a., 1995.

Goebbels, Joseph: *Tagebücher 1945. Die letzten Aufzeichnungen.* Hamburg, 1977.

Granzow, Klaus: *Tagebuch eines Hitlerjungen, 1943–1945.* Bremen 1965.

Grosche, Robert: *Kölner Tagebuch 1944–46.* Herausgegeben von Maria Steinhoff. 2. Auflage, Köln 1992. © J. P. Bachem Verlag, Köln.

Grosz, George: *Briefe 1913–1959.* Herausgegeben von Herbert Knust. Reinbek 1979. © 1979 by Rowohlt Verlag GmbH, Reinbek bei Hamburg.

Haecker, Theodor: *Tag- und Nachtbücher 1939–1945.* Herausgegeben von Hinrich Siefken. Innsbruck 1989. © Haymon Verlag, Innsbruck, Wien 1989.

Hahn, Lili: *... bis alles in Scherben fällt. Tagebuchblätter.* Köln 1979.

Hartung, Hugo: *Schlesien 1944/45. Aufzeichnungen und Tagebücher.* München 1956. © Bergstadtverlag Wilhelm Gottlieb Korn GmbH, Würzburg.

Haulot, Arthur: *Lagertagebuch. Januar 1943–Juni 1945.* Aus dem Französischen übersetzt von Ursula Guess, in: Dachauer Hefte 1 (1985), H.1, S. 129–203.

Hausenstein, Wilhelm: *Licht unter dem Horizont. Tagebücher von 1942 bis 1946.* München 1967.

Hauser, Martin: *Auf dem Heimweg. Aus den Tagebüchern eines deutschen Juden 1929–1945.* Bonn 1975. © Martin Hauser, Ramat Gan/Israel.

Heilers, Margarete B.: *Lebensration. Tagebuch einer Ehe 1933–1945.* Frankfurt/M., Dülmen 1985. © tende Verlag, Dülmen, Hiddingsel, Leipzig 1985.

Heisler, Hermann, in: Barth, *Offene Briefe 1945–1968.*

Jünger, Ernst: *Sämtliche Werke in 18 Bänden. Bd. 3: Tagebücher III. Strahlungen II.* Stuttgart 1979. © Klett-Cotta Verlag, Stuttgart.

Kästner, Erich: *Gesammelte Schriften für Erwachsene. Bd. 6:*

Vermischte Beiträge 1: Notabene 45, ein Tagebuch. Zürich 1969. © Atrium Verlag, Zürich.

Kantorowicz, Alfred: *Deutsches Tagebuch. Bd. 1.* München 1959.

Kardorff, Ursula von: *Berliner Aufzeichnungen aus den Jahren 1942 bis 1945.* München 1962. © 1962 Verlag C. H. Beck, München. Die erste Auflage ist im Biederstein Verlag erschienen.

Klemperer, Victor: *Ich will Zeugnis ablegen bis zum letzten. Tagebücher 1942–1945.* Herausgegeben von Walter Nowojski unter Mitarbeit von Hadwig Klemperer. Berlin 1995. © Aufbau-Verlag GmbH, Berlin.

Kupfer-Koberwitz, Edgar: *Dachauer Tagebücher. Die Aufzeichnungen des Häftlings 24814.* Mit einem Vorwort von Barbara Distel. München 1997. © 1997 by Kindler Verlag GmbH, München.

Lange, Horst: *Tagebücher aus dem Zweiten Weltkrieg.* Herausgegeben und kommentiert von Hans Dieter Schäfer. Mainz 1979. © v. Hase & Koehler Verlag GmbH, Mainz.

Langgässer, Elisabeth: *Briefe 1924–1950. Bd. 1.* Herausgegeben von Elisabeth Hoffmann. Düsseldorf 1990. © 1990 by Claassen Verlag in der Ullstein Buchverlage GmbH, Berlin.

Loden Vogel, *Tagebuch aus einem Lager.* Aus dem Niederländischen von Miriam Pressler. Göttingen 2002. ©Vandenhoeck & Ruprecht, Göttingen.

Mann, Thomas und Agnes E. Meyer: *Briefwechsel 1937–1955.* Herausgegeben von Hans Rudolf Vaget. Frankfurt/M. 1992. © S. Fischer Verlag GmbH, Frankfurt am Main 1992.

Mann, Thomas: *Briefe. 1937–1947.* Hg. von Erika Mann. Frankfurt/M. 1963. © S. Fischer Verlag GmbH, Frankfurt a. M. 1963.

Mann, Thomas: *Tagebücher. 1944–1. 4. 1946.* Herausgegeben von Inge Jens. Frankfurt/M. 1986. © S. Fischer Verlag GmbH, Frankfurt am Main 1986.

Meckel, Annemarie: *Das Bild des Gefangenen. Tagebuchauszüge 1944–1947.* Freiburg i. Br. 1982. © Karl Schillinger Verlag, Freiburg.

N., Helmut, s. *Briefe des Soldaten Helmut N.*

Normann, Käthe von: *Ein Tagebuch aus Pommern 1945–1946.* München 1962.

Resch, Johannes: *Die betrogene Generation.* Braunschweig 1986. © Oeding Druck und Verlag, Braunschweig.

Ritter, Gerhard: *Gerhard Ritter. Ein politischer Historiker in seinen Briefen.* Herausgegeben von Klaus Schwabe und Rolf Reichardt. Boppard 1984. © Oldenbourg Wissenschaftsverlag.

Rost, Nico: *Goethe in Dachau. Literatur und Wirklichkeit.* München 1948.

S., Erika, in: Heinrich Breloer (Hg.): *Mein Tagebuch.*

S., Paul, in: Heinrich Breloer (Hg.): *Mein Tagebuch.*

Scholz, Franz: *Wächter, wie tief die Nacht? Görlitzer Tagebuch 1945/1946.* 2. Auflage. Eltville 1984 [= F. S., *Görlitzer Tagebuch. Chronik einer Vertreibung. 1945/1946.* Berlin 1990]. © Dr. Franz Scholz, Dieburg.

Schwitters, Kurt: *Wir spielen, bis uns der Tod abholt. Briefe aus fünf Jahrzehnten.* Herausgegeben von Ernst Nündel. Frankfurt/M., Berlin 1974.

Seidel, Edelgard, in: Heinrich Breloer (Hg.): *Mein Tagebuch.*

Stimmungsberichte, aus: *Das letzte halbe Jahr. Stimmungsberichte der Wehrmachtpropaganda 1944/45.* Herausgegeben von Wolfram Wette u. a. Essen 2001.

Vordtriede, Werner: *Das verlassene Haus. Tagebuch aus dem amerikanischen Exil 1938–1947.* München 1975. © Carl Hanser Verlag, München, Wien 1975.

W., Erich, in: Heinrich Breloer (Hg.): *Mein Tagebuch.*

Weinheber, Josef: *Sämtliche Werke. Bd. 5: Briefe.* Salzburg 1956. Hier ausgelassen folgende Briefpassage: »Ich werde Gerda wohl keine Nachricht mehr geben können. Wenn Dich dieser Brief noch erreicht, so teil Du ihr mit, daß ich in diesen entscheidenden Stunden an sie und an den Buben gedacht habe mit allem Abschiedschmerz.« © Christian Weinheber.

Wolfskehl, Karl: *Briefwechsel aus Neuseeland. 1938–1948.* Bd. 1. Herausgegeben von Cornelia Blasberg. Darmstadt 1988.

Zweig, Arnold, s. Feuchtwanger, *Briefwechsel.*

Unveröffentlichte Quellen

aus den Sammlungen der Bibliothek für Zeitgeschichte in der Württembergischen Landesbibliothek, Stuttgart

B., Günther (N: Knoch); B., Heinz (N: Sterz); B., Herta (N: Boy); B., Max (N: Knoch); Bruno (N: Sterz); D., Otto (N: Sterz); D., Richard (N: Sterz); Dünkelsbühler-Schaible, Elisabeth (N: Dünkelsbühler – auch DLA Marbach); E., Fritz (N: Schüling); F., Hedwig (N: Sterz); Ferdl (N: Sterz); G., Kurt (N: Glaser); G., Lothar (N: Sterz); H., Kurt (N: Sterz); J., Rudolf (N: Hohloch); Jahn, Elfriede (N: Jahn); K., Erich (N: Schüling); K., P. (N: Schüling); Müller, Fridolin (N: Müller, F.) N., Lore (N: Schüling); P., Ernst (N: Sterz); Pf., Johannes (N: Schüling); R., Gisela (N: Schüling); S., Hans (N: Knoch); Sch., Fritz (N: Schüling); Sch., Paul (N: Sterz); St., Ernst (N: Sterz); Th., Egon (N: Sterz); Th., Hans (N: Sterz); Unbekannt (N: Sterz); Walther, Elfie (N: Knoch); Z., Gerhard (N: Sterz)

Orthographie und Interpunktion wurden gelegentlich zugunsten der Lesbarkeit der Texte stillschweigend korrigiert.

Bildnachweis

Die Abbildungsvorlagen stammen aus dem Fotoarchiv der Bibliothek für Zeitgeschichte, Stuttgart (Seite 6, 24, 28, 29, 30, 31, 33, 34, 35, 36, 38, 45, 46, 51, 52, 53, 54, 56, 60, 62, 65, 67, 68, 70, 78, 79, 80, 85, 95, 104, 106, 109, 118, 124, 130, 133, 134, 141, 157, 166, 169, 175, 184, 188, 192), dem Bildarchiv Preußischer Kulturbesitz, Berlin (Seite 72, 116), dem Imperial War Museum, London (Seite 43, 180, 190), dem Niederländischen Institut für Kriegsdokumentation (NIOD), Amsterdam (Titelbild, Seite 32, 48, 50, 88, 89, 94, 98, 137, 152, 162) und dem SV-Bilderdienst, München (Seite 76).

Karte S. 22: Rudolf Hungreder, Leinfelden-Echterdingen.